お盆に墓地で飲食をして先祖の霊と交流する東北地方の事例

墓祝い（秋田県大仙市田沢湖町．提供：㈱農文協プロダクション）

お盆に墓地で飲食して先祖の霊と交流する九州地方の事例

豆オロイ（鹿児島県薩摩川内市上甑町平良）

近畿地方の周縁部では，墓地は死穢の場所とされ忌避されて，お盆にも墓参の習俗がみられない（奈良市大柳生町）

お盆に，庭先に設えられるオショライサンの棚．先祖の霊をここに迎える（兵庫県美方郡新温泉町赤崎）

お盆に，庭先に設えられる砂盛．先祖の霊をここに迎える

（神奈川県平塚市入野．提供：小川直之氏）

火葬の普及によって消えていった民俗

上　土葬（栃木県芳賀郡市貝町田野辺．2003年）

下　洗骨（沖縄市園田．1975年頃．提供：屋良明歩氏）

⌘ 歴博 フォーラム ⌘

盆行事と葬送墓制

関沢まゆみ・国立歴史民俗博物館［編］

吉川弘文館

目次

民俗研究映像「盆行事とその地域差」　関沢まゆみ　1
——盆行事の民俗史／火葬化の現在史——

はじめに　1

一　盆行事の民俗史　2

二　火葬化の現在史　28

葬儀は誰がするのか、してきたのか？　新谷尚紀　49
——血縁・地縁・無縁の三波展開——

一　日本民俗学はフォークロアではない、トラディショノロジー伝承分析学である　49

二　高度経済成長と葬送墓制習俗の変化　57

三　葬儀の手伝いは地縁か血縁か　61
四　シンルイを作る村・タニンを作る村　70
五　家族のつとめ　75
六　古代・中世の葬送情報　78
七　近世における地縁的組織の形成　81
八　ホール葬の威力　83
九　分析概念としてのオヤオクリ　84

祖霊とみたまの歴史と民俗　大本敬久　93
一　正月と死者祭祀　93
二　民俗伝承を歴史情報として読み解く　96
三　巳正月とみたまの飯　102
四　祖霊とみたま　108

葬法と衛生観念
――山形県内の事例を参考にみる移り変り――　小田島建己　119

一　火葬をめぐる行政と衛生　119
二　火葬をめぐる葬制と墓制　128
自動車社会化と沖縄の祖先祭祀　武井基晃　145
一　沖縄の葬送・祖先祭祀と自動車　145
二　自動車の利用――復帰前の新聞記事と統計資料　152
三　調査地概要――家族墓地域のヤードゥイと門中墓地域のムラ　156
四　祖先祭祀行事と自動車での移動　160
五　ま　と　め　168
列島の民俗文化と比較研究　小川直之　177
はじめに　177
一　比較研究の精緻化――比較のための指標設定　188
二　比較を行う地理的メッシュを細かくする　191
三　日本列島の文化は「日本文化」として一元化できるか　195

四　日本列島のなかのアイヌ文化圏・ヤマト文化圏・琉球文化圏　199
おわりに　205
討　論　211
一　盆行事の起源　212
二　盆行事と共同飲食　215
三　死と穢れ――二種類のケガレ　219
四　火葬の普及と洗骨の終焉――沖縄県・鹿児島県与論島　228
五　遺骸葬から遺骨葬へ　232
六　村ごとの葬儀マニュアルの解体、家族葬の普及　236
七　葬儀の商品化時代と多様な選択肢　239
あとがき　関沢まゆみ　245
執筆者紹介

民俗研究映像「盆行事とその地域差」

――盆行事の民俗史／火葬化の現在史――

関沢まゆみ

はじめに

お盆の行事は日本各地にあるが、よくみると地方ごとにその内容にはいろいろな違いがある。民俗研究映像「盆行事とその地域差」は、その日本各地の盆行事の地域ごとの違いとその意味について考えてみたものである。前半と後半とで二部構成になっている。

第一部「盆行事の地域差――盆棚に注目して――」では、盆行事の日本各地の伝承を広く、いわば鳥の目のようになって俯瞰《ふかん》し、その地域差の意味について、日本の民俗学を創始した柳田國男《やなぎたくにお》が提唱した比較研究法という方法を使って読み解いてみた。主題は「盆行事の民俗史」である。

第二部「土葬から火葬へ――両墓制の終焉――」では、埋葬墓地と石塔墓地とを分ける両墓制《りょうぼせい》の習俗がながく伝えられてきていた近畿地方の農村で、近年急速に火葬化が進みその旧来の埋葬墓地の利用に変化がおこっている、その眼前の変化を観察しその動向について紹介を行なった。主題は「火葬化の現在史」である。

一　盆行事の民俗史

1　お盆の墓参りの違い――二枚の写真から

柳田國男と比較研究法　柳田國男は、『先祖の話』の自序において、「幸いにして都鄙遠近のこまごまとした差等が、各地の生活相の新旧を段階づけている。その多くの事実の観測と比較とによって、もし伝わってさえいてくれるならば、だいたいに変化の道程を跡付け得られるのである(1)」と述べている。周知の通り、民俗学とは民俗伝承を資料とし、その新旧の段階差を分析することによって、生活文化相の変遷を明らかにする学問であり、文献記録だけでなく特に民俗伝承を収集して分析する広義の歴史学である。その民俗伝承の変遷に対する歴史学的な視点からの研究方法として、柳田はいわゆる重出立証法《じゅうしゅつりっしょうほう》と呼ばれる民俗伝承情報の比較研究の方法を提唱した。その「重出立証法」というのは、文献史学の場合の「単独立証法」と対比される方法としての表現であった。民俗資料情報は質の確かさと数量の多さによってその資料価値が高まるので、一つの事例だけでは見えない意味が多くの類似の事例情報を収集整理することによって、そしてそれらをたがいに比較することによって、相違点からは民俗伝承の変遷の段階差が、共通点からはその民俗伝承を支えている中核的な意味が、それぞれ見出せるというのである。それに対して文献史学の史料は質の確かささえ吟味されれば、ただ一つの文書でも記録でも歴史の事実を知る上で有効な史料となる。柳田はこのように民俗学の重出立証法と文献史学の単独立証法というものを対比的に提示したのである。

柳田の民俗変遷のとらえ方の基本には、「文化変遷の遅速」という表現が用いられている。「いわゆる計画記録の最も豊かであった中央の文化が、かえって最も多く変遷していたことと、それから距離の遠くなるに比例して、少しずつ古い姿の消えて行きかたが遅くなっているということ(2)」と述べているように、都市が新しい文化の創生と発信の中心地であり、それが地方へと波及、伝播していくという視点があった。その方法は、多くの事例を収集し、比較、類型化を行なうことで、そこから、地域差の意味を明らかにするというものであり、その重要な点は、地域差＝時間差と単純にとらえるのでなく、地域差＝歴史情報ととらえるということであった。

しかし、それについて戦後民俗学においては必ずしも十分に理解されず、その比較研究法の活用もあまりなされてこなかったといえる(3)。

そこで、今回、民俗研究映像「盆行事とその地域差」では、日本各地の盆行事をテーマに、この柳田が提唱した比較研究法の有効性についてあらためて考えてみることとした。

図１　お盆でも墓参りがされていない埋葬墓地（奈良県山辺郡山添村勝原）

図２　お盆の墓地での飲食風景（青森県東津軽郡平内町山口，提供：小田嶋恭二氏）

二枚の写真から　この二枚の写真（図1・2）をみてみよう。両方とも八月一三日、お盆の日の午後に撮影したものである。一枚は、奈良県山辺《やまべ》郡山添《やまぞえ》村勝原という集落の外れの山の中にあるミハカと呼ばれる埋葬墓地である。ミハカの墓掃除はされているが、墓参りがされた様子はない。それに対して、もう一枚は、青森県東《ひがし》津軽《つがる》郡平内《ひらない》町山口という集落の墓地で、浴衣を着た老若男女が墓参りをし、先祖の墓の前にシートを敷いて「お花見のように」にぎやかに飲食をしている光景である。

墓地は死の穢《けが》れの場所であり、忌《い》み避《さ》けるところという観念が強い近畿地方の農村で長く調査をしてきた私は、その調査の現場で、勝原のような風景が当たり前だと思っていたため、お墓で飲んだり食べたりして過ごすという山口のこの写真を見て大変驚いた。近畿地方の多くの農村には、宮座《みやざ》と呼ばれる村の氏神の神社の祭祀が伝えられており、その宮座の祭祀を行なうのは村の長老たちが中心である。神聖な氏神様の祭りに奉仕する彼ら長老たちは日ごろから豚肉や牛肉などの獣肉やネギ、ニンニクなど臭いの強いものを食さない、葬式や墓地に行かない、などさまざまな穢れを避けて、心身を清浄に保つようにしており、葬式や墓地など特に死の穢れを忌避する伝承が固く守り伝えられてきている(4)。

それに対して、東北地方の農村では、この津軽の山口のように墓地を死の穢れの場所として忌避することなく、にぎやかに墓参して飲食までしているのである。

同じ日本列島内なのに地域によってなぜこのような大きな違いがあるのか。このようなお盆の墓参りをめぐる違いにはいったいどのような歴史が反映されているのだろうか。

2　九州地方の盆行事

(1)　鹿児島県薩摩川内市上甑町平良

その後よく調べてみると、東北地方の青森県東津軽の山口だけでなく、九州地方西南部の鹿児島県中甑島《なかこしきじま》の平良という集落にも八月一六日の夜、村のみんなが線香をもって墓参りをし、その時やはりゴザをしいて墓地で飲食をする「豆オロイ」という習俗が伝承されていることがわかった。(5) 豆というのはソラマメのことで、平良では昔から収穫後に乾燥させて保存しておき、節供や祭りの時にそれを水でもどして塩味に煮て出される。重箱にいっぱい詰めたソラマメに手を運ぶしぐさが踊っているようだから、八月一六日の盆行事も「豆オロイ」(豆踊り)と呼ばれている。

平成二五年(二〇一三)八月のお盆に中甑島を訪ねてみた。平良は中甑島の中部に位置する約一七〇戸の半農半漁の集落である。墓地は集落の中央にあり、長年土葬が行なわれてきたが、埋葬墓地の狭隘《きょうあい》が問題となって、昭和五一年(一九七六)に新たに村外れに火葬場が作られ、土葬から火葬へと変わった。村での火葬が始まってまもなくの昭和五一年に墓地の整備と家ごとの区画割が行なわれた。その当時は三一五軒分の区画が割り当てられてそれを利用していたが、三〇年余りたった今では三分の一程度しか使用されていない。高齢化と過疎化が進み、島を離れて都会に移住した人など墓地の権利を返す例が増えてきているからである。それでも、お盆には島を離れて生活している人びともこの故郷の平良へ大勢帰ってきて、次つぎとお墓に線香をあげてお参りし、一六日の夕方から夜中まで墓地で飲食をしてにぎやかに過ごすことが続けられてきた。

この時のご馳走は、ソラマメ、煮しめ、そしてカッパ焼きと呼ばれる小麦粉と砂糖でカステラのように焼いた菓子などが中心で、それに昔は餡をつけた団子も必ず作ってみんなに配ったものだという。平良がある上甑町の各地区のお盆の墓参りをいわば面でみてみると、後掲の図4のように、お盆に墓地で飲食をするところ、もう飲食はしなくなったが、お参りにきた人に冷たいお茶やビールなどをふるまうところ、そしてお参りするだけで特に飲食の接待はしないところ、の三つのかたちがある。

昭和五二年（一九七七）の調査報告書『甑列島の民俗』によれば、桑之浦では、「墓に団子をあげた後、親戚が集まって煮しめや焼酎を出して供養する」[6]という記述があり、その当時、人びとは墓地で飲食をしていたことがわかる。しかし、平成二五年（二〇一三）の調査の時には、初盆の家では一六日の夕方、クーラーボックスを持って墓に行き、お参りに来てくれた人にお礼をいって、飲み物を渡すだけになっていた。墓地での飲食は行なわれなくなっており、これは簡略化されてきている事例といえる。

(2)　鹿児島県薩摩川内市上甑町里

上甑島の玄関口ともいわれる里では、八月一五日の夕方、薗上墓地、薗下墓地で、初盆の家が墓に

図3　8月15日夜の墓での飲食（上甑島里）

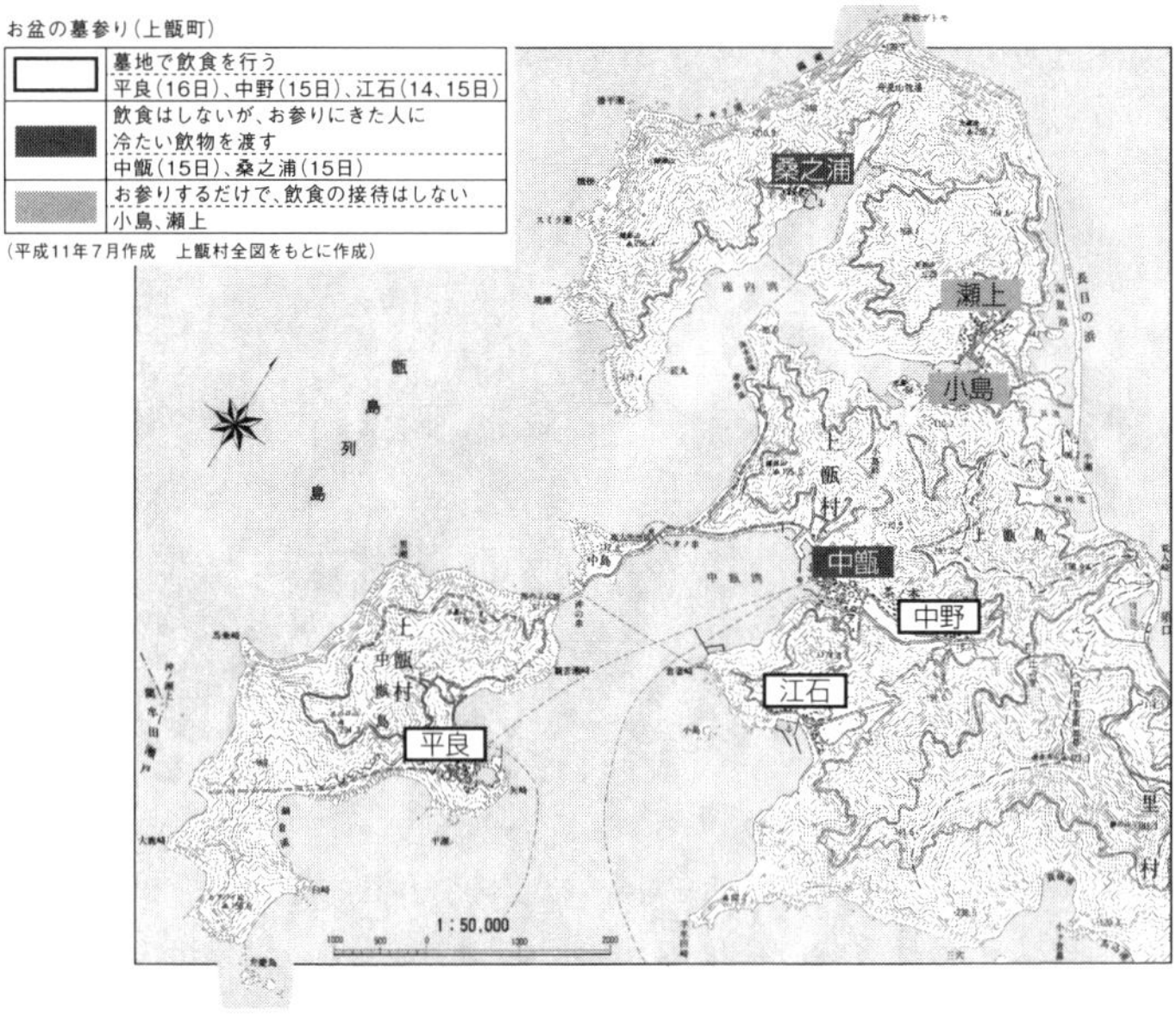

図4　上甑町におけるお盆の墓参りと飲食習俗

提灯を吊るし、その前にシートを敷いて、やはりお参りにきた人に冷たい飲み物を渡し、ソラマメ、煮しめ、お餅や巻寿司などを食べてもらい、にぎやかに過ごす。

現在の薗上墓地と薗下墓地は、昭和四三年（一九六八）から五六年（一九八一）七月までに、比較的長い時間をかけて、港の近くに昔からあった松原墓地から移転して新たに造られたものである。その古くからの松原墓地は、集落の中央、港の正面にあった。平良もそうであるが、この甑島では集落の中央に大切な先祖の眠る墓を営むというかたちがあった。その松原墓地の頃は、土葬が行なわれ、棺の上にはタマヤ（霊屋）が置かれていた。お盆の一五日には子供たちが花火をし合い、お祭りのような騒ぎだったという。昭和四十年代に護岸工事が行なわれ、新しい船着き場ができる時、「島の玄関先にお墓があるのはどうか」という話がでて、墓地の移転が決まった。墓地の移転とともにその後は火葬となった。それでも、一五日の盆の墓参りの際、初盆の家では昔ながらの、墓で死者をしのんで飲食することは、新しい薗上墓地と薗下墓地に移っても相変わらず続けられている。

(3)　熊本県菊池郡大津町

九州地方では熊本県菊池郡大津《おおづ》町内の各集落でも、昭和三十年代から四十年代まではお盆の一五日の夜、墓地で飲食をする習俗が伝えられてきていた。しかし、現在も行なっている集落は大変少なくなっている。その一つ、大津町上揚では、平成四年（一九九二）にはお墓の前に簡易テントをはってお参りに来てくれた人にお礼をし、一緒に飲食をすることが行なわれていたが、最近では八月一五日の夕方、初盆の家では墓に提灯を吊るし、お参りに来た人に冷たいビールやジュースなどの飲み物を渡すだけに簡略化されている。同じ大津町の寺崎という五軒だけの集落の例では、平成二三年（二〇一一）に初盆の家があり、その時はやはり一五日の夕方、お墓の前にシートを広げて親戚や近所の人たちが大勢で飲食をしていたという話が聞けた。急速に墓地での飲食の習慣が消滅し、初盆の家でもお墓参りの後、家に帰ってから飲食をするように変わってきていることがわかる。その変化の背景の一つに、土葬から火葬へと変化したこと、また葬儀の手伝いも近隣の組で行なってきていたのが、葬儀社の利用と葬祭場の利用へと変化していったこと、などがあげられる。寺崎の中尾精一さん（昭和三〇年生まれ）は、組の手伝いによる「地域での葬儀」から、葬儀社によるものへと変化していくなかで、「死者が遠い存在となってしまった」といい、また上揚の錦野晋也さん（昭和一〇年生まれ）は、「昔は土葬だったけん、愛着心があった。二、三年はここにおんなという感じが遺族はした。火葬になってコロンと変わった」と、やはり土葬から火葬への変化が、遺体と遺族との間の距離感を離してしまったという、直接体験したその実感を語っている。

大津町域の場合、お盆だけでなく正月一六日の先祖祭りには今でも黄粉餅《きなこもち》を重箱にいっぱい詰めてお供えし、春の桜の季節には墓掃除をした後にお花見をし、また春秋の彼岸など折々に墓参りが行なわれ、その時どきには「先祖様にもちょっと食べてもらおう」ということでお供えをすることがよく行なわれている。この地域では、先祖の霊は、遺骸を埋葬した墓地に鎮まっており、その墓地こそが先祖と子孫との交流の場であるという意識が根強いといえる。

3　東北地方の盆行事

(1)　青森県東津軽郡平内町

もう一度、東北地方に戻って、盆における墓地での飲食の習慣の事例をさらに調べてみると、青森県東津軽郡平内町ではもう一ヵ所、夏泊《なつどまり》半島の付け根に位置する浅所でも、八月一三日の夕方、山口と同じように墓地に村の人が集まって、重箱に用意してきた煮しめや地元で養殖されているホタテの料理などを食べながらにぎやかに飲食することが行なわれていることがわかった(7)。みんな、「こうしてご先祖さまと一緒にご飯を食べる」という。

また、平内町小湊では現在では墓での飲食は行なわれていないが、日光院の佐々木慶紀宮司（昭和一五年生まれ）の話によれば、子供の頃、八月一三日朝早く、「盆花むかい」といって、山にギボシ、オミナエシ、ヤマユリ、アワバナなどの花を採りにいき、その夕方遅く「ホゲに行く」といって、羽織、袴に扇子、提灯を持って、一族で墓に行ったという。墓にコモを敷いて柏の葉に、赤飯、団子、煮しめなどを供え、それから墓の前にゴザを敷いて座って、みんなで飲食をした。父親が「おじいちゃんが帰ってきた。孫もこれだけ大きくなった」といって、一人ひとり名前をあげていい、「ご先祖さまも降りてきた」「遠い所から来ておなかもすいている」といわれると、本当にそのような気持ちになったものだという。一六日にはまたみんなでお墓に送りにいったが、その時に泣く人もいるし、石塔に抱き着いて「来年もまた来てください」という人がいたり、感動的なシーンだったという。子供ながらに「お墓参りとはすごいものだな」と思ったものだと語っていた。

十和田市洞内でも、家族そろって墓参りに行き、柏の葉に、小豆ご飯、煮しめなどをお供えしてから、墓の前でみんなで飲食することが行なわれている。また、十和田市内では勤め人が多いため、最近では一四日の朝、出勤前に墓に寄って、重箱に用意していったご馳走を供えてから、ちょっと自分も一口食べて、それから出勤するという人も多くなっている。もともとは一三日の午後、ゆっくり行なわれていた墓参りと墓地での飲食が、かつての農業中心から会社や工場への勤め人の仕事へという生業変化と生活スタイルの変化に合わせて、一四日の朝に変わったのだが、それだけ、お盆には先祖の霊が眠る墓地で共にご馳走を食べる、それが死者の供養になるという習俗が、まだかたちを変えながらも根強く伝えられていることがわかる。

(2) 秋田県大仙市大神成の藤澤一族の墓祝い

秋田県でもこのような墓地での飲食の風習がみられる。その一つが、大仙《だいせん》市大神成《おおがんなり》の藤澤一族の「墓祝い」である。これまでも本家分家の同族の結合がこのお盆の墓祝いに象徴的にみられる事例として注目されてきていた(8)。

八月一三日の夕方、総本家の藤澤次雄さん宅に分家の人たちも集まり、それぞれ家で作ってきた料理を詰めた重箱と花を持って、田園の中に古くからある墓地に行く。献立として決まっているのは、煮しめ、ご飯を笹の葉で一週間漬けこみ赤シソの葉をまぜた赤もの漬け、ズンダナス、ナスの田楽、ササゲの胡麻和え、干したエイを醬油で煮たカスベ、ピンクや緑に色づけしたテン、粉茶などである。古い石塔の前に作られたタナコと呼ばれる板の棚の上に、それぞれ里芋の葉を皿替わりにして重箱のご馳走をお供えし、総本家の主人とともに分家の人たちも一緒に先祖の墓を拝む。そして、その墓の前にシートを敷いてみんなで座り、先祖にお供えしたものと同じご馳走を食べて、日が暮れるまで飲食談笑をして過ごす。

また、大仙市田沢湖町でも墓前に莚などを敷いて各自持寄りの重箱を開いて先祖とともにご馳走を食べるという(9)。

秋田県内ではこのほかにも墓地での飲食の習慣について、雑誌『民間伝承』には、秋田県鹿角《かづの》郡毛《け》馬内《まない》町のお盆の墓参りについて、「豆もやし、ソバもやし、花、枝豆各一把、輪切りにした越瓜一切ずつを蓮の葉に包んで墓石の前に供える。赤飯、煮しめ、和え物、ところてん等の料理を重詰にして供える。この重詰は墓参が終われば家に持ち帰って家人の夕食としていた(10)」という記事がある。しかし、平成二四年（二〇一二）に行なった筆者の毛馬内町誓願寺における追跡調査では、家に持ち帰っ

図5　藤澤一族の「墓祝い」(秋田県大仙市大神成)

て食べるだけではなく、墓地で先祖の石塔に赤飯、寒天、煮豆、カボチャ、スイカなどを重箱に詰めて供えて、その場で食べたりもするということであった。また、北秋田郡上小《かみこ》阿仁《あに》町の墓地でも、タナコと呼ばれる墓棚《はかだな》が作られ、お供えがなされる(11)。由利《ゆり》郡鳥海《ちようかい》町でも墓石の前に墓棚を作り、一三日の早朝墓参りをし、初の棚(初盆)の場合、盆料理を持ち寄って早めに墓地に行き、六畳か八畳のゴザを敷いて供養のため車座になって酒宴をする(12)、という記事がある。このように秋田県内では墓地に盆棚を作り墓地で飲食をする事例について、北秋田郡上小阿仁町、鹿角郡毛馬内町、田沢湖町、南は由利郡鳥海町など各地から報告がなされている。

岩手県でも盛岡市大松院境内の墓地や北上

市内でも、八月一三日の夕方、お墓参りの時に、お供えをすると、その後、お墓にちょっと腰をおろして、または立ったまま、ビールやジュースを飲んだり、お供えしたものと同じものを食べることが行なわれている[13]。

このように墓地での飲食の習俗は、東北地方北部を中心に一定の広がりをもって伝承されていたことがわかる。

そして、これまでの調査情報を収集しまた実際に現地での調査を行なってみると、長い日本列島のうち九州地方中南部と東北地方北部に、盆の墓参と墓地での飲食の行事が行なわれており、それを通して死者をしのび、先祖の霊と交流するという習俗が根強く伝承されていることが明らかになった。

4　近畿地方の盆行事における盆棚と墓参

近畿地方の村落における墓参の習俗についての調査と研究は、特に両墓制の研究にともなって進められてきた。たとえば、最上孝敬は埋葬墓地に参らないタイプを両墓制の基本的なかたちとしたが[14]、その後の調査によって、埋葬墓地を死の穢れの場所として極端に忌避し、墓参しないという事例が「近畿地方の各地に点在しており、それがいわば円環状の特徴的な分布を示している」ことが確認された[15]。その近畿地方の円環状の地域とは、大阪府豊能《との》郡能勢《のせ》町の一帯から兵庫県篠山《ささやま》市東部へ、淡路島の南半部へ、そして北方は若狭《わかさ》地方、東は三重県の伊賀地方、奈良県東部の山間地帯、南は吉野方面から淡路島へと連なる地帯である。

これらのうち、奈良県東部の山間地帯の事例をみてみたい。この地域は、遺体を埋葬するミハカと呼ばれる埋葬墓地と石塔墓地とを別々に設けている。お盆の前にミハカの草刈りなど掃除はするが、

図6　位牌に記された一人ひとりに牡丹餅などのお供えをする（奈良市水間町）

図7　縁側に新仏，軒下に無縁仏をまつる（奈良市水間町）

お参りはしない。そのような墓参習俗のない村もこの一帯では少なくない。

その一方、家の中では仏壇で、位牌に記された一人ひとりの戒名の人数分の牡丹餅などのお供えをし、お茶をあげて先祖の霊を大切におまつりしている。たとえば、写真（図6）の奈良市水間町の松村さんのお宅を訪ねた時には、八月一三日の夕方、先祖の霊が帰ってくるのでその時にはオチツキ団子と呼ばれる白いお団子を柿の葉にのせてお供えしていた。松村さんの家は天保年間に分家をしてお り、いま位牌には一三人分の戒名が記されてまつられている。そこで、一三人分それぞれにお供えをし、軒下のガキンドさんと呼ばれるまつり手のいない霊にも一つ、同じものを供える。翌一四日の朝は、オチツキ団子を下げて、代わりに小豆と黄粉のおはぎを一つずつ、これもまた柿の葉にのせてお供えする。昼はご飯と大根の葉の味噌和えとソウメン、夜は煮しめ、そして先祖の霊が帰る前に夜食としてお餅をお供えする。ガキンドさんの分は下げずに、お供えをつぎたしていく。旧家では、先祖の霊を迎えてから送るまでの間、お供えする献立がしっかりと決まっていて、それを守り伝える主婦のつとめは大変である。また、オチャトといって、一日に何度もお茶を入れ替えるが、冷める前に入れ替えるといい、古いお茶は容器に集めて、縁側から外にバサッと捨て、ガキの供養にするといっている。

家の外から見ると、奥の座敷の仏壇の前に先祖の霊、縁側に最近亡くなった新仏《しんぼとけ》、軒下にガキンドサンと呼ばれる無縁仏の、それぞれのための装置を作ってお供え物をしているのがわかる。この近畿地方では、遺骸を埋葬した墓地は、死の穢れの場所として強く忌み避けている一方、家ではお盆に迎える霊魂を丁寧に三種類に区別してまつっているのが特徴である。[16] 先祖の本仏《ほんぼとけ》にゆっくり休んでもらうのが一番とされており、そのために、亡くなってまもない不安定な新仏やまつり手のない無縁仏に

図８　お盆に帰ってくる先祖諸霊をまつるオシャライサンの棚（但馬地方）

図９　13日の仏迎えの砂盛（岡山県苫田郡加茂町〈文化庁文化財保護部『無形の民俗文化財記録33　盆行事Ｉ岡山県』より〉）

もそれなりの施しをしてやり、彼らが先祖の本仏の邪魔をしないようにしていることがわかる。

5　中国・四国地方、東海・関東地方などの盆棚と砂盛

次に、九州地方と近畿地方の中間地帯である中国地方と四国地方の事例をみてみたい。

兵庫県の、日本海に面し鳥取県に近い但馬《たじま》地方の旧香住町《かすみ》から旧浜坂町《はまさか》にかけての一帯では、お盆にはオシャライサンとかサイリダナと呼ばれる棚が家ごとの庭先に作られる。香住地区では、八月一三日の夕方には、どの家の玄関先にもオシャライサンの棚が飾られ、あわせて縁側に提灯も飾られ、棚には先祖がのぼるためにと梯子が添えられる。また、檀家寺の住職が、この棚に向かって棚経《たなぎょう》をあげてまわる（図8）。

このオシャライサンの棚は、「ご先祖がやって来るところ」といわれている。一三日の夕方、先祖が提灯の灯りを目当てにしてやって来て、まずこの棚に来るという。棚の上に、里芋の葉を敷いて、野菜や団子を供え、お茶は毎日七回とりかえるこ

図10　砂盛（神奈川県秦野市宿矢名，提供：小川直之氏）

とになっている。この地域では、初盆の時も新仏のために特別の盆棚を作るなどということはせず、新仏であろうと先祖であろうとみんなこのオシャライサンの棚に帰ってくるのだという。先に近畿地方の事例でみたような、新仏、無縁仏を先祖の霊と区別するという考え方がなく、新仏に限らず広く先祖の霊を迎えてまつっているのが特徴である。

このようにお盆に先祖や新仏の霊を迎えてまつるために、庭先に設けられる盆棚の事例としては、中国地方の岡山県下の水棚《みずだな》やボニ棚[17]、四国地方の高知県下や愛媛県下のショーリョーダナ（精霊棚）[18]などがある。また、そのような木製や竹製の精霊棚ではなく、庭先に砂盛を作って先祖や新仏の霊を迎える事例もみられる。たとえば、砂盛を作るのは中国地方の岡山県下[19]（図9）、北陸地方の福井県下、また中部地方から関東地方では静岡県から神奈川県（図10）、東京都へかけての一帯で広くみられる[20]。庭先に設けられる精霊棚の事例と、それらの砂盛の事例との共通点は、先祖や精霊がのぼるための階段を作るという点である。

6　各地の盆行事の比較から見えてくる盆行事の歴史的変遷

三つの類型　以上、九州地方の南部、東北地方の北部とそれぞれの盆行事の共通性についてみてきた。そして、それらと近畿地方との大きな違いが注目された。また、両者の中間地帯ともいうべき中国・四国地方、関東地方などの例もみてきた。それぞれの地域ごとの特徴として注目できる点は、東

表1　三つの類型

	墓参の有無	墓地での飲食の有無	三種類の霊魂の区別の有無
第1類型(東北・九州地方)	○	○	×
第2類型(中国・四国・関東地方など)	○	×	×
第3類型(近畿地方)	×	×	○

註　○＝有り，×＝無し．

北地方北部、九州地方南部では墓地で飲食をし、墓に棚を設けて食べ物を供えていること、中国・四国、中部・関東地方では、庭先や座敷に仏迎えの棚や砂盛を設けていること、近畿地方では墓ではなく、家の仏壇、縁側、軒先に三種類の霊魂を区別しておまつりしていること、この三点である。

まず、九州地方南部と東北地方北部のように、墓地への墓参とともに墓地での飲食による生者と死者との交流をはかっているタイプを第一類型としてとらえてみる。次に、中国地方や四国地方、東海、関東などにみられる、屋外の庭先に盆棚や砂盛などで先祖を迎えるタイプを第二類型とする。そして、近畿地方のように、墓参はしないが、先祖、新仏、餓鬼仏を明確に区別して、先祖の本仏を屋内の仏壇に、新仏を縁側に、そして餓鬼仏を軒の雨だれ落ちの外に区別して迎えるというタイプを第三類型としてみる。

墓参を丁寧に行なうのは第一類型と第二類型であり、第三類型では墓参をしない例もある。墓地で飲食をするのは第一類型であり、第二類型と第三類型ではしない。そして三種類の霊魂を区別するのは第三類型で、第一類型と第二類型ではしない。

もちろん、このほかにも日本各地の事例では、屋内の座敷に盆棚を設け、棚の下の隅に無縁仏や餓鬼仏のための供物《くもつ》を供えるというタイプが広くみられ、また仏壇をきれいにしてまつるだけで特に盆棚を設けないというタイプも実際上、広くみられる。しかし、ここで注目した三つの類型の存在も確かである。

第一類型が、死者供養において具体的な遺骸と屋外の墓地とを重視するタイプであるのに対して、第三類型は抽象的な霊魂と屋内の仏壇を重視するタイプであるという対比的な位置付けが可能である。そして、第二類型がその中間型で、屋内の常設的な装置である仏壇よりもそれに先行した装置であろうと考えられる屋内外に臨時に設けられる盆棚や精霊棚を重視し伝存しているタイプといえる。

遠方の一致と古態の伝承　注目点の二つ目としては、柳田が民俗伝承の「遠方の一致」に注目するようにと述べたが、墓地で飲食をする習俗が東北地方北部と九州地方南部とに伝承されており、まさに「遠方の一致」をみせているという点である。

柳田國男によって昭和二年（一九二七）に書かれた『蝸牛考《かぎゅうこう》』(21)はカタツムリとかデンデンムシと呼ばれる虫の呼び名を全国各地から調べて集めたものであり、そこで柳田は、近畿地方ではデンデンムシ、中国地方・中部地方ではマイマイ、四国地方・関東地方ではカタツムリ、東北地方と九州地方ではツブリ、東北地方北部と九州地方の南西部ではナメクジと呼ばれていることに注目した。文献では『和名抄《わみょうしょう》』という平安時代の中期、九三〇年代に編まれた辞典に京都では「かたつぶり」と呼ばれていたことが書かれており、また江戸時代の前期、一六八〇年代に黒川道祐《くろかわどうゆう》という人が書いた『日《ひ》次記事《なみきじ》』という本には当時、京都では子供たちが「デデムシ」と呼ぶようになっていたことが書かれている。その文献史料をも参照した上で、柳田は、中央で生まれた新しい言葉が、次々と地方に伝播していく現象、そして新しい言葉が古い言葉を周縁に押しやっていく現象が、民俗の分布の上に現れているのだと考えた。つまり、長い間、文化の中心であった京都からみて、日本列島の最も周縁部である東北地方北部と九州地方の南西部に「遠方の一致」をみせながら、一番古い言葉が残っているというのである。

文献史料だけからみれば、平安時代の『和名抄』のカタツムリが一番古い言葉ということになってしまうが、民俗の伝承資料からみれば、それよりも古い言葉がナメクジであったことがわかる、つまり文献では明らかにならない歴史が、民俗からはわかるというのである。

民俗とは伝承である。伝承というのは過去と現在とをつないでいるものである。民俗とは一定の歴史的深度をもって伝えられてきているものであるから、民俗を考える上で、歴史上の文献記録を参照するのは当然といえば当然のことである。

では、先祖の遺骸を埋めたお墓でこそ死者の霊魂と交流できると考え、お墓で飲食をする東北地方や九州地方の事例が古い習俗を伝えているものであるかどうか、歴史上の記録を参考にしてみることにしたい。

八世紀から九世紀の『日本後紀《にほんこうき》』など六国史《りっこくし》の記事によれば、近畿地方も含め各地に、家のそばに埋葬したり、墓にこもって死者の供養が行なわれたり、墓地で飲食をしていたなどという記事がみられる。

たとえば、『日本後紀』延暦一六年（七九七）正月二五日の条には、「山城国愛宕葛野郡人　毎有死者　便葬家側　積習為常　今接近京師　凶穢可避　宜告国郡　厳加禁断　若有犯違　移貫外国」とあり、山城国の愛宕《おたき》郡、葛野《かどの》郡の両郡の人たちの間では、死者のあるごとに家の側に埋葬するのが長い間の習慣となっていた。それに対して、このたびの平安京の造営により京師《けいし》に接近することとなったので、「凶穢避くべし」ということで、これにかたく禁断を加えるとある。この記事から、山城国の愛宕郡、葛野郡の両郡の人たちの間では、平安京の造営の頃までは墓地を特に忌避せず死者の遺骸を家屋敷の近くに埋葬する例が普通であったことがわかる。

その後も墓地で死者に哀悼の意を捧げる習慣は根強く残っており、『続《しょく》日本後紀』承和八年（八四一）三月癸酉（二日）の条には、「右京人孝子衣縫造金継女、居住河内国志紀郡、年十二歳、始失親父、泣血過人、服闋之後、親母許嫁、而竊出往於父墓、旦夕哀慟、（中略）毎父忌日、斎食誦経、累年不息、（中略）、母年八十而死、哀声不絶、常守墳墓、深信仏法、焚香送終、勅叙三階、終身免戸田租、旌表門閭、令知衆庶」とあり、右京の人、衣縫造金継女《きぬぬいのみやつこかなつぎめ》は河内国志紀郡に住み、一二歳で父を亡くしたが、悲しむこと人に過ぎ、父の墓にいっては朝夕哀慟した。毎年父の忌日には斎食誦経し、母が死ぬとその墳墓を守り、深く仏法を信じて香を焚き、送終のことにあたった、とある。

『日本三代実録《にほんさんだいじつろく》』貞観七年（八六五）三月二八日己酉の条には、「近江国言、伊香郡人、石作部広嗣女、生年十五、始以出嫁、三十七失其夫、常守墳墓、哭不断声、専期同穴、無心再嫁、量其意操、可謂節婦、勅宜叙二階、免戸内租、即表門閭」とあり、近江国伊香《いかご》郡の人、石作部広嗣女《いしつくりべひろつぐめ》は一五歳で嫁にいった。三七歳で夫を亡くし、常に墳墓を守って泣きくらしていた。同じ墓穴に入りたい、再婚は考えない、その意たる操を慮り、節婦というべし、とある。『類聚国史《るいじゅうこくし》』の人部の節婦の項にはそのような人物についての記事が整理されており、亡き夫や父母の墓の側に庵を結ぶなどして大切に守り、節婦として表彰され免租とされた例が数多く記されている。それらは近畿地方に限らず、全国各地の例であるが、その中には今みたように近江国や右京出身で河内国に居住した人物の例もあり、また全国各地の事例であろうとも、なにより中央政府の価値観念にもとづいて墓地に庵を結んで死者を偲ぶ行為自体を孝行節婦として評価していたという事実は重要である。

ところが、一〇世紀から一一世紀の摂関貴族《せっかんきぞく》の時代になると、死の穢れを極端に忌み避けるようになっていった。摂関貴族というのは、神聖化されていった天皇の側近くに仕えて政治を行なう存在であるから、穢れに触れてはならないと考えられたのである。たとえば、藤原道長たち摂関家累代の墓地である宇治の木幡の墓地は、誰一人参拝する者もなく荒れ果てていた様子が『栄花物語《えいがものがたり》』などには描かれている。『栄花物語』に「真実の御身を斂め給へるこの山には　ただ標ばかりの石の卒塔婆一本ばかり立てれば　また参り寄る人もなし」とあり、『浄妙寺願文』（『本朝文粋《ほんちょうもんずい》』）にも、古塚が累々と築かれているさびしいところで、仏教の片鱗もなくただ野生の鳥や猿の声が聞こえるだけの様子が、「古塚累々　幽遂寂々　仏儀不見（中略）法音不聞　只聞渓鳥嶺猿」と書かれている。また、絵画資料としては、「北野天神縁起絵巻《きたのてんじんえんぎえまき》」や「餓鬼草紙《がきぞうし》」などの絵巻物類にも、墓地では遺骸が放置されており、犬や烏が遺体を食い荒らしている様子が描かれている。

しかし、その後、室町時代の『師守記《もろもりき》』貞和五年（一三四九）七月一四日の条には、「早朝、霊山寺近くの中原家の墳墓に墓参。夕刻邸内で盂蘭盆講。山科より盆供の籠到来」とあり、一四世紀の京都の公家たちの間では、墓参りが行なわれるようになっていたことを知ることができる。

つまり、平安京を中心とする近畿地方においては、第一段階として八世紀から九世紀には先祖の遺骸と墓地を大切にする状態、第二段階として一〇世紀から一二世紀には死の穢れを忌み避けて墓参をしない状態、第三段階として一四世紀から一五世紀以降は再び先祖の眠る墓地を重視して墓参をする状態、という三段階の大きな変化があったと考えられる。

そして、その近畿地方の民俗では、前述のように民俗の上でもまだ墓地を死穢の場所として忌避して墓参をしないという地域が円環状に残っていたということは重要で、民俗伝承とは、墓参の上でも歴史的に段階的な変化があったことを教えてくれている歴史情報の一つだということがわかる。

その近畿地方の盆行事の伝承の上でもう一つ注目されるのが、霊魂観念の複雑化という歴史的変化である。先祖を本仏、死んだばかりの死者を新仏、無縁の亡者たちを餓鬼仏というように、三種類の霊魂に明確に区別するようになっている。無縁や餓鬼というのはもちろん仏教の観念で、それが民俗の中にも定着しているというのは、仏教の教えが中世から近世にかけて、貴族や武士だけでなく庶民にまで深く浸透し普及してきたその影響が推定される。

このような近畿地方の複雑な歴史に比べると、東北地方や九州地方では、そのような摂関貴族の触《しょく》穢思想《えしそう》の影響をあまり受けていないのではないかと考えられる。摂関貴族の触穢思想の影響を、歴史的に強く受けてきた近畿地方と、あまり受けてこなかった東北地方や九州地方という違いが、民俗の上に反映しているものと考えられる。

そうしてみると、盆行事にみる地域ごとの差や事例ごとの差は、歴史的な変遷の、時代ごとの段階差を示していることがわかる。柳田のいった民俗伝承の「遠方の一致」、それは古態の伝承として読み取ることができるものなのである。

民俗、民間伝承は歴史情報である、ということがここからもよくわかる。柳田國男は、民俗伝承を歴史情報としてとらえ、その解読方法として比較研究法を提唱した。これまで否定的に論じられてきた比較研究法であるが、今回の研究映像では、盆行事の伝承を例に、あらためてその可能性を追跡して、一つの仮説を示してみた。比較研究法は戦後の民俗学の歴史の中でこれまで等閑視されてきた視点と方法であるだけに、もちろんまだこれからも磨き上げる必要がある。日本民俗学の創始者である柳田國男の著作を直接よく読み取ることが必要であり、それによって学び直すべき点はまだまだ多いと考える。

戦後、民俗学では比較研究法の真意が理解されず、否定されたこともあり、代わりに地域研究法または個別分析法といって、個別具体的な村落の民俗の調査と分析を行なう方法が主流となった。その結果、民俗学では、個別事例の分析は一定の程度、蓄積されてきた。しかし、それだけでは社会学や文化人類学と、民俗学との違いがはっきりせず、同じような学問ということになってしまいかねない。これからは、個別事例研究を進めながらも、同時にそれらを総合化して、広く日本列島各地の民俗伝承の実態を全国的な視点で俯瞰しながら、地域ごとの差異に注目して、その意味を考えることが重要な課題となっていくであろう。このような民俗学の研究動向の中で、この研究映像は、あらためて長く等閑視されてきた民俗学の比較研究法の有効性を再考し、その可能性と独自性との提示を試みたものである。

二　火葬化の現在史

1　滋賀県蒲生郡竜王町のサンマイ利用の変化(22)

第一部では、日本の盆行事の長い歴史的な変遷史を古代から現代まで、民俗伝承を中心的な資料として、いわば長い射程幅でみてきた。歴史的に長い民俗伝承の変遷史を追跡する学問としての民俗学の紹介といえる。第二部では、柳田國男がたとえば『明治大正史世相篇』[23]で、民俗学を眼前の変化に注目する学問として提唱してきたように、眼前の民俗の変化の追跡例を紹介してみる。

近畿地方の農村部は、土葬の習俗が伝えられてきて、遺骸を埋葬した墓地は死穢の場所として極端に忌避されてきた。その近畿地方の村落を中心にして伝承されてきていたのが、民俗学が発見した両《りょう》墓《ぼ》制《せい》という墓制であった。そこでも近年、急速に土葬から火葬へという変化にともない、墓地利用の上でも大きな変化がおこっている。

（1）　苗村神社と綾戸

滋賀県蒲生《がもう》郡竜王《りゅうおう》町綾戸《あやど》にまつられている苗村《なむら》神社は、周辺の三十余りの集落の総氏神として古い由緒を伝える神社である。その苗村神社の地元の集落である綾戸では、「苗村さんに遠慮して」とか「苗村神社の八丁四方は神社の聖域」などという言い伝えによって、これまで墓を設けることをしてこなかった。墓は死の穢れの場所として忌避されてきていたのである。長年、隣りの田中という集落の土地を借りて墓地とし、そこに埋葬だけを行なってきた。綾戸の家々では石塔も建ててこなかった。

竜王町の場合、比較的長く土葬が行なわれてきて、この一帯で火葬へという動きが進んだのは、昭和五六年（一九八一）の八日市市と日野町による火葬施設付きの集合墓地の建設、つまり「布引斎苑」の開設からであった。その布引斎苑を竜王町も利用するようになったのは昭和六三年（一九八

図11　綾戸のサンマイ

図12　新しく造成された綾戸霊園（2005年）

八）からで、近隣の市町の中では一番遅かったという。布引斎苑の管内における埋葬率、土葬の残存率は、昭和六三年に三九・〇二％であった。平成八年（一九九六）に一二・六六％、平成一三年（二〇〇一）に一％台となり、平成二二年（二〇一〇）にゼロになった。

竜王町では、平成八年（一九九六）に町役場の働きかけによって地区ごとの共同墓地の建設計画が各集落で話し合われるようになった。しかし、綾戸ではそれに携った関係者が死ぬなど不吉な話も出てきて「気持ち悪いからやめておこう」ということになったという。平成一四年（二〇〇二）になって、再度、綾戸霊園の提案がなされ、土葬の手間の大変さから、集落内での投票の結果、賛成六三票、反対八票で新たな墓地の造成を行なうことになった。造成には竜王町から補助金が出された。田中から、それまで借用していた埋葬墓地サンマイの北側の水田を購入して、平成一七年（二〇〇五）三月に「綾戸霊園」という納骨式の石塔墓地が造られた。面積は一一五六・五六平方メートルで、八七区画に分けられ、抽選で各家の区画が決められた。それから徐々に石塔が建てられていったが、新しい石塔墓地ができても、「サンマイは五〇年たたないと土饅頭を平地にできない、さわれない」といって、これまで通り、サンマイの土地の借地代を田中に払い、サンマイの墓掃除を続けている。

綾戸では、お盆には、八月一三日に仏壇の位牌に書かれた先祖の一人ひとりに団子を盛ってお供えして線香をたくと、オシャライサンと呼ばれる先祖の霊が帰ってくるといわれている（田中初栄さん〈昭和一二年生まれ〉）。そして、一六日朝までまつる。このお盆の間、オチャトといってお茶を何度もかえ、冷めたお茶は「ガキに飲ませる」といって、縁側からざばっと捨てる。そして一六日朝は、家の近くを流れる小川に行って、鉦を叩いてオシャライサンを送る。田中さんも「盆の間は墓参りせえへん」というが、火葬になった今でも、土葬の頃と変わらず、サンマイへはもちろん、石塔へもお参りはしない。苗村神社に遠慮して死の穢れを避けるようにしているのである。

西村喜久子さん（昭和一五年生まれ）も、「墓には参りません。一三日から一六日は霊が帰ってきてる。お墓は留守だ」という。また、「ガキというのも聞いたことはない」「オショライサン一括の中に新仏も入っている」という。近畿地方でもいわば周縁ともいえる滋賀県の湖東地方に位置するこの綾戸では、新仏もオショライサンと同じに考えられており、特に新仏のための棚を設けたり、提灯を吊るしたりということはなされていない。また、お盆の墓参の習俗もないのが特徴である。

このように綾戸では、土葬から火葬へという遺体処理の方法の変化にともなって、それまでなかった石塔墓地の造営が新たに行なわれ、寺引導《てらいんどう》や野辺送《のべおく》りなどの葬送儀礼の省略や、ソーレンシンルイと呼ばれる「隣の二、三軒くらいずつ」の互助組織が廃止されるなど、村人たちのつき合いに大きな変化がおこっている。その一方、新しくできた石塔墓地への盆の墓参はまだ定着していない。また、近隣の町村に葬祭ホールが建設されても、やはり「綾戸には葬祭場は無理だろう」と人びとはいっている。石塔墓地の造成は実現したものの、伝統的な苗村神社に対する、死の穢れを避けるという信仰的配慮が人びとの意識の中に根強く継承されているのが注目される点の一つである。墓地の設営と死の穢れの観念をめぐって、綾戸は今ちょうど大きな変化の過渡期の中にあるといえる。

(2) 九村のサンマイ

苗村神社の氏子の三十余郷のうち、特に歴史的な関係の深い村は九村《くむら》と呼ばれ、神社の祭礼の時にはその重要な役割があてられる。その九村と呼ばれる集落は多くが苗村神社を中心とした田園地帯の平野部にある。そして、それぞれの埋葬墓地（サンマイ）利用の特徴の一つが、複数の集落で一ヵ所の大きな墓地を利用し、なるべく自分たちの集落から遠く離すようにして死の穢れを避けるという姿勢である。その墓地をみてみよう。

九村のうち綾戸に比較的近い南東部の岩井と川守の二つの集落が利用しているのが、日野川を渡った山の斜面を利用した妹背《いもせ》の里のサンマイであった。岩井と川上は竜王町の中でも比較的早く、霊園の造成が行なわれた。一方、九村のうち西方に位置する薬師《くずし》、須恵《すえ》、橋本、鵜川《うかわ》、七里《しちり》の五つの集落が利用しているのが、薬師の山の中に隠れているような形で設けられている薬師のサンマイである。また、北方に位置する弓削《ゆげ》、信濃、川上、林、庄《しょう》、倉橋部《くらはしべ》の六つの集落が利用していたのが日野川に近い三反開《さんたんびらき》と呼ばれる比較的広い平地にある弓削のサンマイである。ここでは、規模の大きい薬師と弓削のサンマイ利用の変化についてみていく。

薬師のサンマイ　薬師のサンマイは、ふだん墓参りをする人はなく、お盆の時も集落ごとに日を決

図13　苗村神社と九村の墓地の立地

図14　薬師のサンマイ

図15　橋本の石塔墓地

めて墓掃除は行なうが、墓参りはされていない。土葬の頃、遺骸は捨てるようなものだといい、人びとのあいだには強い死穢忌避《しえきひ》の観念があった。

薬師の集落では、平成九年（一九九七）に集落内の正念寺（浄土宗）の本堂の裏に新たに石塔墓地を造り、檀家は徐々にそこを利用するようになった。

また、薬師のサンマイから最も遠くに位置しているのが橋本である。橋本では、これまで石塔墓地はなく、石塔建立の習慣はなかった。それが平成一〇年（一九九八）三月に集落の外れに公園墓地の造成が行なわれた。その場所は、もともと引導場《いんどば》と呼ばれていたところで、サンマイに旅立つ前の死者が引導を渡される場所、最後の別れの場所であった。橋本では、布引斎苑にある公園墓地を参考にして、集落からなるべく見えないようにと、低い洋式の均一型式の石塔を建てることにした。

サンマイから次に遠い集落が鵜川と須恵である。鵜川と須恵もこれまで石塔墓地はなく、石塔建立の習慣はなかったが、平成一七年（二〇〇五）七月に須恵の集落の外れに公園墓地が造成され、平成一九年（二〇〇七）四月には鵜川でやはり集落の外れに公園墓地が造成された。

昭和六三年（一九八八）に、この地域が土葬から火葬へと変化していく中で、薬師、橋本、須恵、鵜川は、その後の一〇年余りの間に、それぞれ集落の近くに納骨施設をもつ石塔墓地を造成して、サンマイは利用しなくなっていった。ただし、この薬師のサンマイに近い七里だけは、まだサンマイを利用している。

橋本の西村久一さん（昭和一二年生まれ）によれば、橋本では自宅で葬儀をした後、まず集落の三尊寺（浄土真宗）まで野辺送りをし、そこからは身内と親戚とで棺を運んで行き、薬師のサンマイに埋葬していた。墓穴は葬儀の日の朝に近隣の組合の者が掘っておいた。墓穴に坐棺《ざかん》を入れると、「最後の別れ」といって、早く土にかえるようにと、棺の蓋をあけて、死者にかぶせた笠のところまで土を中に入れてもう一度蓋をした。橋本で最初に火葬をしたのは、平成五年（一九九三）に西村さんの父親が亡くなった時で、親戚と相談して火葬にし、火葬骨はサンマイに埋めたという。

以上、これらの事例では、サンマイでの土葬から新たな公営火葬場での火葬へという近年の遺体処理の変化にともなって、各集落で新たに石塔墓地が造成されているという点が共通している。そして、サンマイの利用が行なわれなくなってきている。しかし、「サンマイは五〇年たたないと土饅頭を平地にできない、さわれない」といわれており、サンマイに対する死穢忌避感と恐怖感とを引きずっていることが観察される。ただし一方では、火葬した遺骨については自然の流れにそって石塔への納骨ですませている。それはまた、伝統的であった死穢忌避観念の希薄化という大きな変化として把握することができる。

弓削のサンマイ　平成一九年（二〇〇七）三月、弓削のサンマイの南側に「安らぎ霊園」と呼ばれる新たな石塔墓地が造られた。この三反開のサンマイを利用していた弓削、信濃、川上、林、庄、倉橋部のうち、庄を除く五つの集落はその「安らぎ霊園」の石塔墓地を利用することになった。

それに対して、庄だけは集落の外れの広場に新たに納骨施設を造った。庄は二七戸の集落で、この時、願長寺（浄土真宗）住職の寺本隆さんが中心になって、同朋墓《どうぼうばか》と呼ばれる共同納骨堂を建設することにした。同朋墓には「倶会一処《くえいっしょ》」と書かれており、そばに親鸞上人《しんらんしょうにん》の石像がたてられた。平成一九年（二〇〇七）三月に、同朋墓が完成すると、家ごとにサンマイから土をとってきて、落慶法要の時に村の人が一人ずつ納骨堂に納めた。葬儀の後、同朋墓の後部に火葬骨の骨箱を納めておき、三十三回忌を目安に遺骨を骨箱から出して、同朋墓の正面の下にある穴へ移して合葬することができるようにした。平成一九年三月から平成二五年（二〇一三）七月の終わりまでに庄で亡くなった合計七名が納骨されている。寺本さんは「家が墓を守れない時代になってきた。跡取りがいなくなっても大丈夫なように村で納骨堂を作った」という。また浄土真宗の僧侶らしく、「死の穢れとかはまったく考えていない」ともいう。

このケースで注目されるのは、土葬から火葬への変化を機に、一つの集落が伝統的であった共同墓地のサンマイ利用から離れて、まったく新たな一つの同朋墓を建設したという点である。その背景として読み取れるのは、この竜王町一帯で進んでいる死穢忌避観念の希薄化、喪失へ、という動きである。そして、その一方でおこってきている葬送における伝統的な死霊や死穢の観念から、死者の個性の意識へ、その記憶や記念へ、という新たな意識や観念の芽生えへという変化であり、その間隙を縫うかのように住職の指導によって浄土真宗の「倶会一処」「同朋墓」という教義がこの集落では顕在化しているという事実である。

2　サンマイ利用の変化——放置か再利用か

近畿地方の典型的な墓制として、民俗学が長年研究対象としてきたのが両墓制であった。その両墓制がいま、土葬から火葬へという大きな変化の中で、歴史的にその喪失の時を迎えている。土葬であった時代の埋葬墓地の利用が、火葬になって大きく変化しているのである。火葬の導入は、必然的に火葬遺骨の処理、納骨施設の設置を必要としている。散骨という方法もありえるが、この滋賀県下の一帯では納骨が選択されて石塔墓地の新設が一つの方法とされている。その石塔墓地の新設には三つのタイプが見出せる。第一は、サンマイに隣接して石塔墓地を設営するタイプ、第二は、サンマイを再利用するタイプ、そして第三は、サンマイを放置して新たな場所に石塔墓地を設営するタイプである。第一のタイプは、これまで見てきた竜王町の綾戸や弓削などの事例で、他にも多くみられる。

第二のタイプは、サンマイを放置するのではなく、サンマイをあらためて石塔墓地として再活用するかたちである。たとえば東近江《ひがしおうみ》市の木村という集落では、村外れにあったサンマイを石塔墓地に造り替えた。木村のサンマイは、集落から離れた地点にあり、家ごとに利用区画が決まっていた。石塔をみると平成一五年（二〇〇七）に建てられたものが多いが、区画によってはまだ埋葬の頃の木の墓標（平成一七年一二月他）が建てられているところもある。また、「南無阿弥陀仏」と書かれた石碑と棺台、大木の跡などにもかつてのサンマイの様子が伝えられている。時間をかけて埋葬墓地から石塔墓地へと変化していくその途中にあることがわかる。

また、土葬の時と同じようにサンマイに火葬骨を埋納しているケースもみられる。これもサンマイを維持、活用しているケースといえる。たとえば甲賀市水口町では、行政的な指導と推進もあって平成一三年（二〇〇一）四月一日を明確な期限として、いっせいに「甲賀斎苑」という旧甲賀郡内の水《み》口《なくち》町、土山町、甲賀《こうか》町、甲南町、信楽《しがらき》町の五つの町が利用する公営斎場が使われることになり、土葬から火葬へと一変した。その一つ、甲賀市水口町岩坂では、平成二四年（二〇一二）に亡くなった人も、まだ火葬骨を土葬の時と同じようにサンマイに埋め、それまでと同じようにツカダケをヤライのように数本立てている。

第三のタイプは、サンマイを放置して、集落近くに初めて新しい石塔墓地を建設するかたちである。これまで見てきた竜王町の事例では、橋本、鵜川、須恵などの事例であるが、琵琶湖の北、長浜市西浅井町菅浦もそのかたちの一例である。

この二枚の写真（図16・17）は、同じ菅浦の村の入り口を示す東の門の外に遠く離れて位置するサンマイと呼ばれる埋葬墓地の写真である。一枚（図16）は、昭和六二年（一九八七）七月に撮影したもの、もう一枚（図17）はそれから二〇年以上たった平成二六年（二〇一四）七月に撮影したものである。昭和六二年にはまだ土葬が行なわれており、村人が亡くなるとその遺骸は坐棺に納められてサ

図16　菅浦のサンマイ（1987年）

図17　放置されている菅浦のサンマイ（2014年）

表2　サンマイ再利用タイプとサンマイ放置タイプ

サンマイ利用の変化	事　　例
サンマイに隣接して石塔墓地	竜王町綾戸，弓削，葛巻，川守・岩井，ほか
サンマイの上に直接石塔墓地	東近江市木村，ほか
サンマイを放置して別の場所に石塔墓地	竜王町橋本，鵜川，西浅井町菅浦，ほか

ンマイに埋葬されていた。埋葬地点には木の墓標が立てられて琵琶湖の石が重ねて置かれていた。恐ろしい死の穢れの場所として放置されるものであったため、夏草におおわれている。また、ちょうどこの頃、火葬が始まってきて、寺の裏などに新しく石塔が立てられ、墓地の造成が始まっていた。平成二六年にはもうすでに火葬が一般化して、サンマイの利用はなくなっていたが、この写真のように放置された状態が続いていた。死の穢れの場所として強い忌避観念が村の人びとの間にあるため「怖いから、さわることができないでいる」という。昭和六一年（一九八六）四月に菅浦では島内悦路さんの父親が亡くなった時、初めて火葬が行なわれた。火葬が普及してくると、菅浦にある四つの寺の裏山などがそれぞれ石塔墓地に造成されていった。それまでは、「墓はサンマイ、寺は願い寺」といわれて別々であったが、火葬になってからはサンマイに行くことはなくなり、寺に墓が引き寄せられたかたちになった。島内さんの檀家寺である安相寺（浄土真宗）の西側も石塔墓地に造成された。ここには昭和六二年に建てられた石塔が多くみられる。

このように現状では大別すると、前述の第一と第二、つまりサンマイもしくはその隣接地の再利用をするタイプと、第三、サンマイを放置して新たな納骨式石塔を設けるタイプとがあり、サンマイ再利用タイプには、第一のサンマイに隣接して石塔墓地をつくるかたち（弓削など）、それに第二のサンマイの上に直接石塔墓地をつくるかたち（木村など。サンマイに直接火葬骨を埋葬する岩坂などもこれに含まれる）があり、第三のサンマイを放置するタイプは橋本、鵜川、菅浦などである。

そこで、第三のサンマイ放置の事例に注目してみよう。薬師のサンマイは各集落から遠くて死穢の充満するところとみなされていてあまり墓参もされていなかった、湖北の菅浦の場合はサンマイは村の門の外に遠く離れた場所に設営されており、死穢の場所であり、今でもさわると怖いと畏れられている。つまり、これらのような強い死穢忌避観念によって忌避されてきたサンマイの場合には、むしろ放置される傾向があるということができる。サンマイを放置しての再出発ともいえる。それは、伝統的であった死穢忌避観念の根強い伝存を意味するものであると同時に、逆に新たな火葬と石塔納骨の方式の採用によってそうした古くからの死穢忌避観念からの解放という現象としても読み取ることができる。

両墓制という墓制が表わしていた近畿地方の強力な死穢忌避観念が、近世から近代へかけても希薄化へという変化を見せてきていたことは、たとえば奈良市水間町のミハカの移転や奈良県御所《ごせ》市の吐田郷の極楽寺墓の利用形態とその変化について論じた論文の中でも指摘しておいた[24]が、そうした近畿地方の村落に伝えられてきた強力な死穢忌避観念が、いま土葬から火葬への一大変化の中で根底から揺らいできていることが観察されるのである。

3　両墓制の終焉――死穢忌避観念の衰退

これまで民俗学が注目してきた両墓制とは、遺体を葬る埋葬墓地が死の穢れの場所として忌み避けられて、集落から遠く離れた場所に設営され、一方それとは別に集落の近くに石塔墓地が設けられるものであった。しかし、実はそのような石塔墓地さえも設けない事例が近畿地方の村落では少なくなかったことが明らかになった。両墓制ではなく無石塔墓制と呼ばれるべき事例である(25)。それらの多くの事例では墓参をしていなかった。竜王町の各村落で苗村神社への篤い信仰がそうさせていたように、近畿地方の多くの村落においては、埋葬墓地を死の穢れの場所として強く忌避する観念と習俗とが根強く伝えられてきていたのである。しかし、それらは今、近代的で効率的な公営火葬場の設営による迅速で便利な火葬の普及によって、急速に失われてきている。土葬から火葬への変化の中で、無石塔墓制の形態から石塔造成の形態へと急速にその変化が進んでいるのである。

これまで死穢忌避観念を必然化してきたのが、村人たち自身の手による相互扶助的な死体の野辺送りや埋葬であった。それが行なわれなくなり、新たに葬儀業者や公営火葬場による分業的で機能的な死体の処理が行なわれるようになってきた。それによって、具体的で実感的な死の穢れの観念が希薄化し失われてきているというのが、二〇一〇年代の現状である。両墓制という形態を現実化し顕在化させてきたのが、死の穢れを強く避ける観念と習俗であったが、それが今、現代的な火葬の急速な普及によって、その観念や感覚が急速に希薄化し喪失化してきているのである。技術の変化と、形態の変化と、観念の変化、この三者が呼応しながら連関的に、その歴史的変化を刻むということを、これら土葬から火葬への変化の中にある多くの事例情報は複合的によく示しているといえる。

民俗学は、民俗伝承の長い歴史的変遷にも注意して分析していくが、現代の眼前の変化にも鋭敏でなければならない。過去からの長い歴史の変化とともに、土葬から火葬への変化のように、現在の変化をみること、そしてそれに関する資料情報を蓄積し確保しておくことが重要なのである。

註

(1) 柳田國男『先祖の話』一九四六年(『柳田國男全集』一三、ちくま文庫、一九九〇年、一〇頁)。
(2) 柳田國男『郷土生活の研究法』一九三五年(『柳田國男全集』二八、ちくま文庫、一九九〇年、八二頁)。
(3) 岩本通弥「戦後民俗学の認識論的変質と基層文化論—柳田葬制論の解釈を事例にして—」(『国立歴史民俗博物館研究報告』五二、一九九三年)、新谷尚紀『民俗学とは何か—柳田・折口・渋沢に学び直す—』(吉川弘文館、二〇一一年)、関沢まゆみ「戦後民俗学の認識論批判」と比較研究法の可能性—盆行事の地域差とその意味の解読への試み—」(『国立歴史民俗博物館研究報告』一七八、二〇一三年)などで指摘がなされている。
(4) 関沢まゆみ『宮座と墓制の歴史民俗』(吉川弘文館、二〇〇五年)。
(5) 文化庁『日本民俗地図Ⅰ(年中行事)』一九六九年。
(6) 民俗文化財緊急調査報告書『甑列島の民俗』(鹿児島県教育委員会、一九七七年)四九頁。
(7) 弘前大学人文学部宗教民俗学実習報告書『夏泊半島における宗教民俗誌』(二〇〇五年、七八頁)。

(8) 中仙支部「山際部落の生活―中仙町大神成部落民俗調査報告書」(秋田県文化財保護協会編『調査研究報告書昭和三二年度』一九五八年)、明治大学社会学研究部『昭和三七年度夏期実態調査報告書―同族制村落のモノグラフ―』(一九六三年)など。
(9) 新田沢湖町史編纂委員会『新田沢湖町史』(一九九七年)九四四~四五頁。
(10) 内藤吉助「秋田毛馬内町に於ける盆習俗」(『民間伝承』九―三、一九四三年)一四八~一五〇頁。
(11) 東洋大学民俗研究会昭和五四年度調査報告『上小阿仁の民俗』(一九八〇年)。
(12) 『鳥海町史』(一九八五年)一六三〇~三二頁。
(13) 『北上の年中行事―四季を彩る現在の年中行事―』(北上市文化財調査報告書第四集、北上市教育委員会、二〇一五年)など。
(14) 最上孝敬『詣り墓』(古今書院、一九五六年)。
(15) 新谷尚紀『両墓制と他界観』(吉川弘文館、一九九一年)。
(16) 関沢前掲書註(4)「棄てられる遺骸・まつられる霊魂」二一四~二六頁。
(17) 『盆行事I　岡山県』(無形の民俗文化財記録第三三集、文化庁文化財保護部、一九九〇年)など。
(18) 水沢正好・市原輝士・松本麟一・坂本正夫『四国の歳時習俗』(明玄書房、一九七六年)、梅野光興「祖霊は水辺に集う―高知県の盆行事から―」(『国立歴史民俗博物館研究報告』九一、二〇〇一年)ほか。
(19) 前掲書註(17)。
(20) 小松理子・金丸良子「鳥羽・志摩の盆」(『民俗と歴史』一、一九七五年)、鈴木通大「神奈川県下にみられる盆の砂盛り習俗について」(『神奈川県立博物館研究報告』一八、一九九二年)ほか。
(21) 柳田國男『蝸牛考』一九四五年(『柳田國男全集』一九、ちくま文庫、一九九〇年)。
(22) 関沢まゆみ「土葬から火葬へ―火葬の普及とサンマイ利用の変化：滋賀県下の事例より―」(『民俗学論叢』二

六、二〇一一年)。

(23) 柳田國男『明治大正史世相篇』一九三一年(『柳田國男全集』二六、ちくま文庫、一九九〇年)。

(24) 関沢前掲書註(4)「男女別・年齢別の墓地をめぐる問題―奈良市水間の事例より―」二〇二～一三頁、「墓郷・水郷・宮郷をめぐる民俗学的考察―奈良盆地南西部・吐田郷の事例より―」二二七～三〇一頁。

(25) 前掲書註(15)四一～四二頁。

葬儀は誰がするのか、してきたのか？

——血縁・地縁・無縁の三波展開——

新谷尚紀

一　日本民俗学はフォークロアではない、トラディショノロジー伝承分析学である

「官の学問」と「野の学問」

日本の近代科学は、そのほとんどすべてが東京帝国大学を主要な窓口として輸入し学習し参加していった西欧科学である。自然科学はもちろん人文社会科学もそうである。人類学はイギリス発信のanthropology、社会学はフランス発信のsociologieであり、その翻訳学問として輸入し日本人研究者も積極的に参加して自らの学問としていったものである。それに対して柳田《やなぎた》國男《くにお》が折口信夫《おりくちしのぶ》の理解と協力を得て創始した日本民俗学は、決してイギリスのフォークロアやドイツのフォルクスクンデの翻訳学問ではない。柳田は、イギリスのJ・G・フレイザーの社会人類学

social anthropology やフランスのE・デュルケイムの社会学 sociologie にも学びつつ、同時に本居宣長《もとおりのりなが》や屋代弘賢《やしろひろかた》たち近世の知識人にも学びながら、フランス語の tradition populaire に注目してそれを民間伝承と翻訳し、自らの学問を民間伝承の学として創生していったのである（1）。tradition の訳語は現在ではふつうは伝統であるが、柳田はあえて伝承という訳語を用いて、tradition の意味と機能つまり伝承文化を研究分析する学問として日本民俗学を創生したのであった。それが初めて大学の講座に設けられたのは私立の國學院大学であり、その設置に尽力した折口信夫ははじめ民間伝承学と呼んでいた（2）。だからこそ、官立の東京帝国大学の学科として設置された近代西欧科学の中にある「官の学問」ではなく、日本民俗学は「野の学問」だといわれるのである。それだけに近代科学の中では理解されにくく誤解されやすいというのが現状である（3）。隣接する文化人類学のアンチテーゼが西洋哲学であるのに対して、柳田の創始した日本民俗学のアンチテーゼは文献史学である。文献史学とはふつうにいうところの歴史学、狭義の歴史学である。その歴史学が扱う文献記録からだけでは明らかにならない膨大な歴史事実がある、その解明のためには民俗伝承を有力な歴史情報として調査蒐集し比較分析する必要がある、という柳田の提唱には大きな意味があったのである（4）。

国立歴史民俗博物館と井上光貞初代館長　研究博物館としての国立歴史民俗博物館の創設に尽力した初代井上光貞《いのうえみつさだ》館長はその柳田の指摘の重要性をもっともよく理解していた歴史学者の一人であったといってよい（5）。はじめ文化庁所轄の博物館構想のもとに始動していた国立歴史民俗博物館の創設案を、文部省所管の国立大学共同利用機関として教授、助教授、助手の定員枠を確保した学術調査研究と資料活用のための先端的な研究博物館へという大きな変更を実現させて、歴史学、考古学、民俗学の三学協業、そしてそれに分析科学を加えて新たな広義の歴史学の創生と発展に寄与する機関として創設したその識見と実現への功績は歴史的にもたいへん意義あるものであった。その国立歴史民俗博物館こそそしてそこに所属する研究者こそ、その井上館長の創設の初心を忘れることなく、歴史学、考古学、民俗学の三学協業を基本に分析科学の参加を得て広義の歴史学の創生と発展に尽力することが求められている機関であり研究者なのである。博物館であると同時に先端的な広義の歴史学の創生をめざす世界にもまれな研究機関として、その国立歴史民俗博物館は昭和五八年（一九八三）三月に四研究部体制で発足した。その後の改組はあったが、創設三〇周年を越えた現在も所属の研究者個々人がしょせんは定年までの限られた任期の中であることを忘れて時流に流されそれぞれの思いつきで根本的な創設の基本理念を忘れるようなことがあってはならない。研究の継続性と研究成果の蓄積性とが公的研究機関としてはもっとも重要である。日本民俗学も学際的で国際的な学術交流がますます求められている現代社会において、いまこそ自らの研究実績をその証拠として示しながら学術的な自らの位置を明確に提示していく必要がある。文化人類学や社会学とのちがいが明確に説明できないようであってはならない。歴史学や考古学とどのように協業できるかを具体的に提示していかなければならない。伝承文化を論理的に研究する学問であるという原点をつねに自己確認し他者への説明責任を果たしていくことがたいせつである。

伝統・伝承とは何か、Traditionology という学問　二一世紀初頭のいま柳田や折口の創生した日本民俗学を継承発展させるべき私たちの世代にとっては、tradition populaire から一歩進んで、traditionologie culturelle 伝承文化分析学、英語では cultural traditionology と名乗り、その学問としての独自性を明確に示していく必要がある。より簡潔に学際的かつ国際的に名乗るならば、traditionology トラディショノロジー伝承分析学という名の学問である。つまり、tradition 伝承文化を研究する学問である。このフランス語の traditionologie も英語の traditionology もかつて一度使われようとした語ではあったのだが、西欧近代科学の中では結局学問として創生されることはなかった。(6) それを学問として事実上完成させていったのが日本の柳田であり折口だったのである。

伝承 tradition とは過去から現在への運動である。だから伝承の研究は過去を対象としつつ現在をも対象とする。そして、その中間の長い歴史の過程をもちろんその対象とする。したがって、日本民俗学（伝承分析学 traditionology）の特徴は、文献記録を中心とする歴史学の成果はもとより考古学の成果にも学びつつそれらの研究現場にも学際的に参加しながら、自らの研究対象分野としての民俗伝承を中心として、伝承的な歴史事象を通史的に総合的に研究することをめざす点にある。(7) その伝承分析学（日本民俗学）は必然的に「変遷論」と「伝承論」という二つの側面をもつのが特徴である。その基本的な方法は柳田や折口が提唱した比較研究法である。(8) 日本各地の民俗伝承を歴史情報として

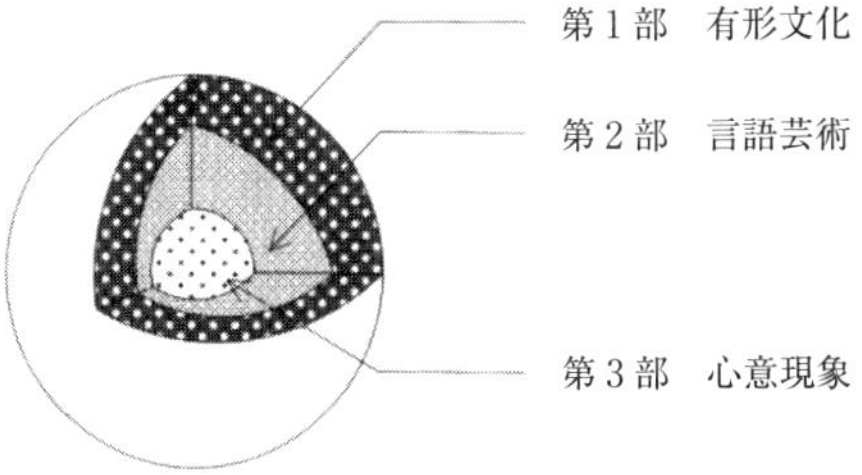

図1　柳田國男の民俗の三部分類（三層分類）

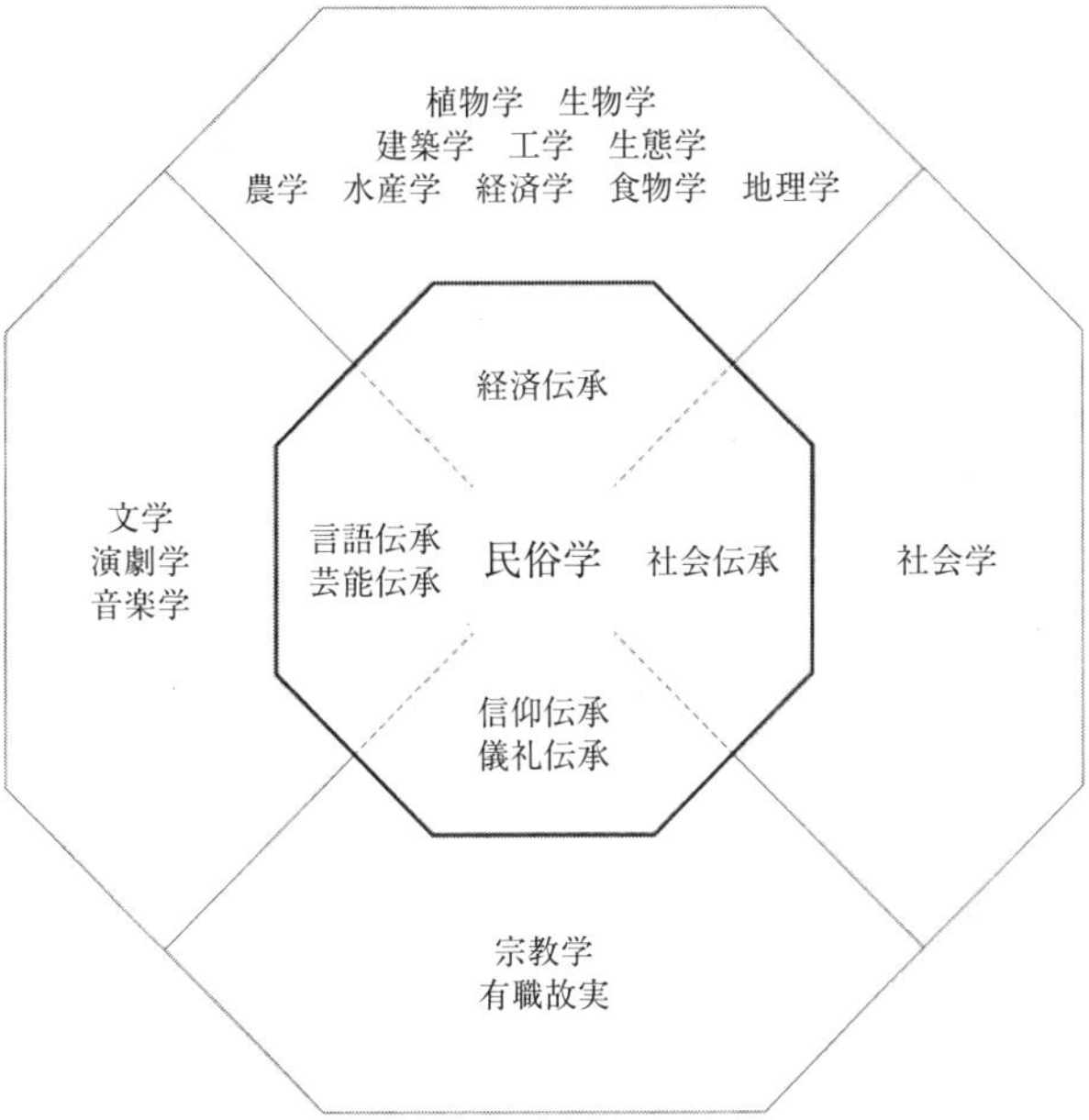

図2　民俗学の研究分野と関連諸学

読み解こうとする比較研究法である。

変遷論の視点から明らかにしようとするのは、地域差や階層差などを含めた立体的な生活文化変遷史である。たとえば柳田は小児の命名力に注目しながらデンデンムシの名前にはカタツムリよりも前の呼称があり、それはナメクジであったことを明らかにしている(9)。そのような方言の変化と伝播の問題、結婚習俗の変遷(10)、墓と葬儀の歴史、盆行事の列島規模での変遷論など、その他の研究実践例も、柳田や折口に学びながらそれを再構築しようとする現在の民俗学は少しずつ蓄積してきている。

たとえば墓と葬儀の歴史(11)では、民俗学が発掘した両墓制《りょうぼせい》の分布が近畿地方に濃密に分布している事実の意味についての解読がまったくできていなかった状態(12)に対して、数多くの事例の実地調査による情報集成と比較研究法の活用そして歴史情報の蒐集整理によってその解読が可能となった。近畿地方で両墓制や宮座《みやざ》の頭屋祭祀《とうやさいし》などの民俗の中で伝承されている強い死穢忌避観念《しえきひかんねん》が、人類一般の死穢忌避観念とは区別されるべきものであり、九〜一〇世紀の律令《りつりょう》制から摂関《せっかん》制へという転換にともなって歴史的に形成されたものであること、つまり平安京の摂関貴族の触穢思想《しょくえしそう》の影響とそれに密着不可分の神社祭祀の清浄性の強調という歴史民俗的な背景をもつものであるということが明らかになってきたのである。

それは一つ一つの精密な事例研究はもちろんであるが、それだけでなく多くの事例研究を蓄積してそれらの比較論的な分析を進めたことによってはじめて明らかになったことであった。地域研究法とか個別分析法などといわれたような方法だけでは決して明らかにはできなかったものであった。

また、盆行事の列島規模での変遷論(13)では、かつて柳田國男が指摘した、盆の行事でやってくる三種類の霊魂、つまり、子孫の祀りを受け続けてきてすでに安定した先祖の霊と、まだ亡くなったばかりで不安定な新仏《しんぼとけ》の霊と、誰も祀り手のいない危険な無縁仏《むえんぼとけ》の霊という三種類の霊魂があることが日本の盆の民俗行事の特徴であり、これからは列島各地の事例情報を蒐集整理し比較研究を行なっていくことによって先祖の霊魂を祀る上での歴史的な変遷が見出せるであろうと述べていたのであったが、その後の盆行事の研究は柳田の三種類の霊魂論の強い影響下にありながらも列島規模での比較研究はほとんど進んでいなかった(14)。それに対して、広く日本各地の盆行事の事例情報をあらためて蒐集整理して、柳田が期待していた比較研究の方法をもって分析を行なった結果、盆の行事と祀られる霊魂の列島規模での変遷を跡づける研究成果が得られたのである(15)。その変遷論は柳田がまだ仮説的に述べていた無縁仏や新仏の霊魂を区別して祀るようになったのは仏教の影響をはじめとする後の時代の変遷の結果であろうという見通しにも沿うものであったが、何より具体的な事例情報をもとにした独自の分析であり、柳田も期待していた研究方法の実践でもあった点に学史上の大きな意義があった。

戦後の日本民俗学の何人かの研究者が柳田國男や折口信夫の論文をよく読まず理解もせず、誤解の中でその比較研究法を全否定していったのはたいへん残念なことだったのである。また、自分で柳田や折口をよく読まずに柳田や折口を否定する論調に伝言ゲーム的に追随し便乗した人たちがいたことも残念なことであった。しかし、いまからでも決して遅くはない。tradition伝承、伝承文化を研究するのが日本民俗学であるという原点を再確認し、それを実践することによって学際的にも国際的にも日本民俗学はその存在をしっかりと発信していくことができる。柳田國男が『先祖の話』で強調していたように、次の日本民俗学を背負う若い世代の学習と理解と実践とが、あらためて伝承分析学traditionologyとしての日本民俗学の基本を守りながらも新たな研究開拓を進めるという未来を実現していくことになるであろう。

一方また、伝承論の視点から明らかにしようとするのは、長い歴史の変化の中にも伝えられていく変わりにくいしくみ、伝承を支えているメカニズムであり、それを表わす分析概念である。その分析概念の抽出が学問にとってはもっともたいせつである。日本民俗学の場合も、ハレとケ、依《よ》り代《しろ》、まれびと、などが柳田や折口の研究によって抽出された分析概念である。私たちもその柳田や折口に学びながら、たとえばケガレからカミへなどといったメカニズムやそれを表わす分析概念を提示してきている[16]。それについては註(16)の参考論文を参照してみていただきたい。これからもさらに伝承文化をめぐる新たな分析概念の抽出と提示とが、次の若い民俗学の研究者たちによって実践されていくことと期待されるのである。

二　高度経済成長と葬送墓制習俗の変化

国立歴史民俗博物館「死・葬送・墓制の変容についての資料調査」　私は昭和二三年（一九四八）生まれなので大学に入学したのが昭和四二年（一九六七）、大学院の修士課程に入学したのが昭和四六年（一九七一）であった。だから民俗学の調査や研究を始めたのは一九六〇年代末、一九七〇年代に入ったころからである。戦後日本の生活文化は、昭和三〇年（一九五五）の神武景気《じんむけいき》の年から始まり昭和四八年（一九七三）の第一次オイルショックで一応の終息をみたいわゆる高度経済成長期を経る中で、大きく変わっていくことになるのであるが、一九七〇年代というのはまだその高度経済成長の影響が直接的に民俗の変化となって現れるよりも少し前の段階であった。当時はまだ一九五〇年代から六〇年代までの生活文化が眼前で伝承されていた時代であった。葬送墓制《そうそうぼせい》の民俗もそうである。まだ古くからのしきたりが残っており、土葬も広い範囲で行なわれていた。そこで私が最初に研究テーマとして選んだのは両墓制の問題であった。そしてそれに関連して葬送習俗についても各地で調査を行なっていった。遅々とした研究はなかなか実を結ばず、ようやく『両墓制と他界観』[17]『日本人の葬儀』[18]などの小著によってこのテーマに一区切りをつけることができたのは一九九〇年代初頭のことであった。しかし、そこであらためて痛感されたのは、高度経済成長期を経てすでに一五年余の一九九〇年代初頭というのは、かつて伝統的であった土葬や近隣の相互扶助による葬儀が私たちの目の前で大きく喪失しまた変化していった時代だったということであった。民俗学は古代から現代まで通史的に伝承文化の伝承と変遷の両方に目配りする広義の歴史科学であると同時に、現代史の中で同時進行的な研究テーマを設定して取り組むべき学問であるということが痛感されたのである。そこで、準備にいろいろと手間取りはしたが、全国各地の都道府県の計六〇名の研究者とともに何とか実施できたのが、国立歴史民俗博物館が呼びかけた「死・葬送・墓制の変容についての資料調査」（一九九七・一九九八年度）であった。[19]

高度経済成長と生活変化　戦後日本の社会を大きく変えた高度経済成長というのは、経済史学では昭和三〇年（一九五五）の神武景気から昭和四八年（一九七三）の第一次オイルショックまでの一九年間続いた驚異的な経済成長のことをいい、開発の五〇年代、成長の六〇年代などともいわれるが、[20]生活感覚からいえば前半の好景気と技術革新の明るい昭和三十年代（一九五五～六四）と、後半の公害問題や社会矛盾の露呈してくる昭和四十年代（一九六五～七四）、という二つの時期に分けて考えることもできる。[21]

その高度経済成長期における大きな変化とは、生産労働現場での、⑴農業における人力や蓄力の利用から耕耘機《こううんき》やトラクターなどによる機械化や化学肥料や農薬利用による化学化への転換、⑵木炭や石炭から石油やガスへという燃料革命、⑶自動車の普及と高速道路網の建設やコールドチェーンの実現による交通革命と流通革命、いわゆるモータリゼーション、(4)第一次産業中心から第二次、第三次産業中心の産業構造の転換とそれにともなう企業型社会、都市型社会への転換、という大きな変化であった。

また、消費生活現場では、(5)洗濯機や冷蔵庫などの家庭電化製品の普及[22]、(6)テレビや電話の普及による高度情報化社会へ、(7)医療衛生制度や健康保険制度の整備による高福祉型社会へ、という大きな変化であった。

そして、このような大きな生活変化は、昭和四八年（一九七三）の第一次オイルショックで区切られるものではなく、その後も一九七〇年代、八〇年代、九〇年代と継続して、地域差や時差を含みながら日本各地で波状的に起こっていったのである。

二〇〇〇年代初頭の急激な変化　そのような中で起こってきていたのが、「死と葬儀の商品化」という動向であり、死を迎えるまでの医療の普及と葬祭産業という分野の誕生であった。家での死から病院での死へ、地域社会の相互扶助による葬儀から葬儀社中心の葬儀へ、旧来の土葬や火葬から新しい設備の公営火葬場での火葬へ、という変化が列島規模で起こってきていたのである。国立歴史民俗博物館の「死・葬送・墓制の変容についての資料調査」（一九九七・一九九八年度）は、その一九九〇年代であればこそ調査し情報蒐集することのできた一九六〇年代の葬儀と、眼前の一九九〇年代の葬儀の具体的な実例を調査し記録したものである。それにより葬儀の変化の列島各地の事例差をも含めた貴重な情報が少数ながらも蒐集され記録されたのである。その一九九〇年代の調査ではまだ一九六〇年代まで伝承されていた旧来の葬送習俗の実態についての情報を蒐集することができたのである。しかし、その後の葬儀の変化は驚くほど早いものであった。二〇〇〇年代初頭にその資料調査をもとにしたフォーラム「民俗の変容　葬儀と墓の行く方」(23)を開催したときに、多くの研究者が情報共有したのは二〇〇〇年代に入ってから起こっていた葬送習俗の変化がいかに大きく急激なものであったかであった。すでに昭和三五年（一九六〇）までの旧来の伝承についての情報はほとんど確認できないようになってきていたのである。そして同時に一九九〇年代の動向でさえも、その詳細な追跡が困難になってきていたほどであった。そこであらためて実施されたのが、国立歴史民俗博物館共同研究「高度経済成長期とその前後における葬送墓制の習俗の変化に関する研究――『死・葬送・墓制資料集成』の分析と追跡を中心に――」（二〇一〇～一二年度）である。そして、その共同研究の成果につながるものの一つが今回の研究映像でありこの映像フォーラムなのである。(24)私がこの二〇一〇年度から二〇一二年度までの共同研究に参加して調査の現場で蒐集確認した情報からいえば、現代日本の葬儀の変化でもっとも大きな影響を与えているもの、それは全国各地で新設された葬祭ホールだ、ということである。それを利用するホール葬の全国的な普及である。それによって日本各地の地域社会で伝承されていた葬儀の慣行も習俗も旧来のもののそのほとんどが喪失するという根こそぎの変化が起こっているのである。日本民俗学はその変化を追跡しながらその変化の意味の解読へと向かうことになる。

三　葬儀の手伝いは地縁か血縁か

親族・隣近所・講中　平成七年（一九九五）六月六日、山口県豊浦《とようら》郡（現・下関市）豊北《ほうほく》町角島《つのしま》、日本海の響灘《ひびきなだ》に浮かぶ半農半漁の島で、西田雪雄さんが満八六歳で亡くなった。明治四二年（一九〇九）生まれで、若いころは相撲が強く各地の大会でも名をはせたものであった。長男は養子に出て堅実な教師となり最近校長で定年を迎え、次男が家業を継いで農業と漁業をいまも営んでいる。これは平成七年の時点での調査による記述である(25)。六月六日の早朝五時一五分に家族に看取られながら自宅で西田さんは息を引き取った。本土からの医者がちょうど島の診療所に詰めていた日だったので臨終まで診てもらうことができた。角島は浄土真宗の寺が三ヵ寺あり全戸がその門徒のためか、枕飯《まくらめし》や魔除《まよ》けの刃物など他の地域で一般的にみられる習俗がみられない。しかし、モージャ（亡者）を北枕に寝かせ枕元にローソク一本と線香一本を立てておくことや、湯灌《ゆかん》のときに盥《たらい》に先に水を入れておいてあとから湯を加えるやりかたで湯加減をして子供たちがモージャの身体を洗うなどのことは行なわれていた。葬式の日は友引きを避けるというのも同じである。しかし、葬儀の変化、簡略化も確実に起こってきていた。湯灌ももう盥は使わずモージャを裸にして全身をタオルで拭くだけになってきていた。また、湯灌はむかしは死亡のあくる日に行なうもので、そのあとで納棺をして仏壇の前に安置しておいたものであった。しかし、今回の西田雪雄さんの葬儀では死亡当日の夕方に早くも湯灌と納棺を済ませており、夏という季節柄ドライアイス二個を添えておいた。かつて、湯灌と納棺とが死亡の翌日であったというのには、それなりの理由があった。それは棺の用意をするのが講の役目であり、講は必ず死亡の当日ではなく翌日に集まる決まりがあったからである。角島では死亡当日の掃除や片づけや食べごとの用意などは、みんな家族で行なうのがむかしからの決まりである。死後すぐにやって来て葬式の手伝いをするのは死者の子供たちである。子供が少なく手合いがいないようなときには兄弟姉妹も手伝う。葬式の料理の手伝いではワカメを切ったり、団子を作る。葬式に団子はつきものである。お通夜の料理も家族の女性たちが作る。

隣近所や講の家々が寄ってくれるのは翌日になってからである。この西田家の場合、隣近所の五軒が夫婦二人で手伝いに来てくれた。講は部落と自治会と重なっており、その構成戸二三軒の家が一人ずつ出てきて手伝ってくれた。角島は島の中央のくびれた部分を境に東北は元山、西南は尾山といい、元山は里と中村に分かれており、一区が元山の里、二区が元山の中村、三区が尾山、と計三区からなっており、それを古くからサンクロ（三畔）と言い慣わしてきている。西田雪雄家は二区の中村の野崎という部落（自治会）に属しており、その構成戸の二三戸がそのまま講を構成して葬式の手伝いをしてくれる。平成一二年には角島大橋が架橋されて本土とつながることになっていたが、私たちの調査はその前の平成七年の夏と平成八年の冬で、その調査当時の角島の戸数は三二三戸であった。

葬儀社の利用　その一九九〇年代には、葬儀における隣近所や講の手伝いの部分が葬儀社の進出によって確実に減少してきていた。棺をはじめ葬具の大部分は葬儀社がセットで用意するようになり、古いしきたりが失われ新しい作法も生まれてきていた。たとえば、納棺に際して最近では生花を入れるようになったが、むかしはそんなことはしなかった。むかしは棺の用意も大変で、角島では棺の材料の杉の三分板が手に入らないので、死者が出たら本土の特牛《こっとい》港から船で運んで来なければならなかった。しかし、そのときシケ（時化）で船が出せないような場合には困るので、前述のようにあらかじめ死者を出した家では次の死者のために葬儀の責任者である講長の家に杉の三分板を預けておくという決まりがあったのである。しかし、それも私たちの調査の平成七年当時はもう昔語りになっていた。火葬も、むかしは講が世話をして部落の各戸が割り木を一把ずつ出して焼いていた。ただ藁《わら》は喪家《そうか》が負担して出すものであった。それが当時は火葬場でバーナーで焼くようになり、各戸が割り木を出すことはなくなっていた。形見分けもむかしはふつう故人の着物を分けるものだったのだが、その当時は年金の貯えなどの中からお金や他の何かを買って分けるようになっていた。

三種類の葬儀分担者　この角島に限らず、こうした葬儀の変化は一九九〇年代の日本各地で起こってきていた。そうした中で注意しておきたいと考えたのは、眼前で次々と喪失し消滅していくそれまで地域ごとに伝承されていた伝統的な葬送の儀礼や作業の中のそれぞれ特徴ある伝承とその意味についてであった。たとえば、葬儀の手伝いについてもこの角島では死亡当日は家族と親族だけで行ない、隣近所や講の家々は必ず翌日から参加するという決まりがあったが、そのような葬送の儀礼と作業の執行の上での担当者についての伝承であった。

一九七〇年代からの自分の調査体験から指摘できることは、葬儀の手伝いの人間とは、A血縁（血縁的関係者＝家族・親族）、B地縁（地縁的関係者＝近隣組・講中）、C無縁（無縁的関係者＝僧侶）の三者に分類できるということであった[26]（表1・図3）。そして、一九六〇年代以降はBに社縁（社縁的関係者＝学校・会社・役所・結社・団体など）を加えること、そして一九八〇年代以降はCに葬祭業者や火葬場の職員を加えることが必要となってきていた。二〇一〇年代の現在では、Cの葬祭業者の関与がひじょうに増大化しているのが現状である（表2〜6）。伝統的にAやBの担当とされてきた死体へ直接的に接触する作業は次の八つであった。

(1)遺体安置　(2)湯灌　(3)死装束作り　(4)納棺　(5)棺担ぎ　(6)土葬の場合の穴掘りと埋葬　(7)火葬の場合の火葬　(8)遺骨拾いと納骨

そして、これまでの日本各地の民俗調査で理解されてきているのは、Aの担当は、(1)、(2)、(4)、(8)であり、残りの(3)、(5)、(6)、(7)はBの担当という例が一般的で、なかには(3)と(5)は地方によりAとBの両者もしくはいずれかというのが通常であった。

喪主が自ら墓穴を掘る　しかし、一九八〇年代から九〇年代にかけての私の調査体験の中では、実際には(6)、(7)もAの担当であるとしてきている例が意外にも日本各地で少なくないことがわかってき

表1　人々の葬送儀礼への関与と作業分担

血　　縁	地　　縁		(社縁)	無　縁
家族・親族	クミ・ムコウサンゲンリョウドナリ	講　中	友人・仕事仲間その他	僧
末期の水 北枕 枕飯・枕団子	諸役手配 帳場・死に使いなど	葬具作り		
(親戚からは香奠)	クミからのお金	シッセニ	香奠	
湯灌 納棺	台所仕事			
通夜(夜トギ)	通夜(下働き)		通夜	通夜(読経)
葬式 野辺送り(白装束)	葬式 勝手念仏	葬式 野辺送り(ふだん着) 床取り 講中念仏	葬式 野辺送り(喪服)	葬式 十三仏供養
ひと七日 四十九日 一周忌 三十三回忌	ひと七日 四十九日 一周忌			ひと七日 四十九日 一周忌 三十三回忌

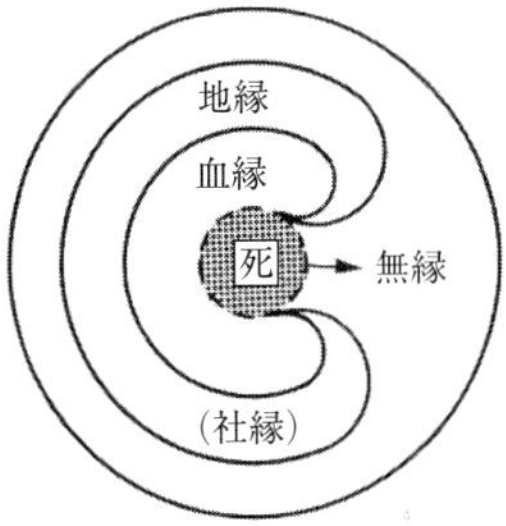

図3　死をめぐる「緑」の模式図

表２　湯灌の担当者

	1960年代	1990年代
A	49	30
AB	2	0
B	0	0
AC	0	1
C	2	20
行わない	0	3
未記入	5	4
合　計	58	58

表３　死装束作りの担当者

	1960年代	1990年代
A	31	5
AB	2	0
B	8	5
C	10	34
本人が用意	3	7
特になし	0	5
未記入	4	2
合　計	58	58

表４　入棺の担当者

	1960年代	1990年代
A	48	45
AB	2	1
B	1	0
AC	1	5
C	1	4
未記入	5	3
合　計	58	58

表５　葬具作りの担当者

	1960年代	1990年代
A	7	3
AB	2	0
B	36	15
BC	1	5
AC	0	3
C	9	31
未記入	3	1
合　計	58	58

表６　遺体処理の方法の変化

	1960年代	1990年代
土　葬	30	6
火　葬（伝統的）	25（12）	51
未記入	3	1
合　計	58	58

土葬（1960年代）30例のうち，穴に刃物（10例），穴番・煙（４例），柴などの覆い（３例）．

凡例　表２～５　A：家族・親族（血縁）　B：地域共同体（地縁）　C：職能者（無縁）（表の数字は事例数）

出典　関沢まゆみ「葬送儀礼の変容」（『葬儀と墓の現在』吉川弘文館，2002年より）．

ていた。たとえば、かなり古い報告であるが、昭和一四年（一九三九）に鈴木棠三が『ひだびと』七巻九・一〇号に発表した「陸中安家《あっか》村聞き書き」(27)には次のような記事がある。

墓は、喪主が葬礼の前に必ず現場に行き、墓所に白紙をおき、五竜の位置をきめ、二鍬ばかり掘る。これをヤシキトリといっている。

喪主が墓穴を自ら掘るというのである。一般に、葬儀は村落内の組とか講などと呼ばれる近隣組織が中心となって執行されるもので、地域社会の相互扶助の慣行がもっともよく表されている民俗事象であると民俗学では理解されてきていた(28)。先ほど紹介した山口県豊北町の角島でもそうであったが、隣近所や講の家々に知らされてその近隣集団が葬儀の執行を中心的に行なってきた例が多かったのである。そして、喪家の家族や親族は葬儀には口出しはできぬもの、組や講の世話になるものとされてきていたのである。そして、それが日本の伝統的な葬儀執行の基本的形式であると考えられてきていた。この鈴木棠三の報告した陸中安家村の事例は、そうした理解に疑問を提示するはずのものだったのである。

比較研究の視点の必要性　しかし、なぜかこの重要な報告は見逃されてしまい、残念ながらその後の民俗学研究の展開へとは結びつかなかった。それは当時まだ戦前のことであり民俗学のかたちが十分には整っていなかったからだと思われる。そして、戦後になって民俗学のかたちが整ってからも柳田没後の民俗学は、社会人類学などの影響下で柳田の比較研究法への理解と習得とが十分に実現しなかったからだと思われる。社会伝承の研究分野では村落社会の日常的な互助共同や共有財産の管理の慣行などへの関心が強く、一方、儀礼伝承や信仰伝承の研究分野では葬送習俗の儀礼内容や魔除《まよ》けなどの俗信《ぞくしん》や霊魂観念《れいこんかんねん》などへの関心が強かったからだと思われる。葬儀は誰がやるのかという肝心な点については、両方の研究分野の谷間のようになり、ただ漠然と地域社会の相互扶助によるものだろうという先入観によって見逃されていたように思われる。

そこで、ここであらためて、葬送の作業分担をめぐる死者との関係の上での、A血縁（血縁的関係者＝家族・親族）、B地縁（地縁的関係者＝近隣組・講中）、C無縁（無縁的関係者＝僧侶などの宗教者、葬儀業者）という三者の関与のあり方について検討してみたいと思う。ではなぜいまか。それは前述のように、いま高度経済成長期以降の大きな民俗変化の中でそのような葬送習俗の地域差が曖昧化されていきつつあるからである。葬儀業者の担当部分が飛躍的に増加してきている。いまからみれば、すでにそのような葬儀の変化が加速してきていた時期の一九九〇年代の民俗調査によって聞き取ることができたのが、一九六〇年代までそれぞれの地域社会で伝統的であった葬送習俗の情報であった。そしてその中には、A＝葬儀は家族と親族が中心となって執行するというタイプと、B＝葬儀は隣近所や講の家々の互助協力によって行なわれるというタイプと、その両者があり、そしてその中間的なタイプもあった。一般的なのはBタイプであったが、Aタイプも少しずつ存在していたのである。それらは一九九〇年代の民俗調査であればこそ得られた情報であり、二〇一〇年代の現在の調査ではもう十分には追跡できなくなっている情報でもある。それだけに歴史的に貴重な価値ある情報でもあるのである。あらためて、B地縁的関係者が中心という一九六〇年代までの日本各地でもっとも一般的であった事例から、A血縁的関係者の関与が中心だという従来ほとんど注意されてこなかった事例まで、その両極端の事例が存在するという一定の幅の中でその中間的な事例も視野に入れながら、たとえば、A血縁的関係者、B地縁的関係者の関与の比重の差異を示す四つの事例を選んで紹介してみることにしよう。詳細は『国立歴史民俗博物館研究報告』第一九一集に記しておくことにして[29]、ここで要点を絞れば、以下のとおりである。

事例1　広島県山県《やまがた》郡旧千代田町（現・北広島町）　浄土真宗門徒の卓越した地域で、アタリと呼ばれる隣近所の数戸と講中と呼ばれる近隣集団の十数戸〜二〇戸程度が葬儀の中心的な作業を担当して、死亡当日の最初から葬送の最後まで家族や親族は一切手出しせずに死者に付き添うのみ。もっとも地縁中心の事例。

事例2　山口県旧豊浦《とようら》郡（現・下関市）豊北町角島　死亡当日の第一日目だけは葬儀の準備をすべて家族と親族とで行ない、二日目から隣近所の数戸と講中と呼ばれる近隣集団の二十数戸が葬儀の中心的な役割を分担する。地縁中心ではあるが死亡当日だけは家族や親族などの血縁者が葬儀の準備をするという血縁関係者の担当を残している事例。

事例3　新潟県中魚沼《なかうおぬま》郡津南《つなん》町赤沢　ヤゴモリと呼ばれる近隣集団が葬儀を手伝ってくれるが、棺《かん》担《かつ》ぎや埋葬や火葬だけは死者の子供が中心となって行なう。遺体を扱う土葬のころの墓穴掘りや埋葬の作業、また火葬になってもその火葬の作業だけは必ず家族や親族など血縁的関係者が行なうという事例。ヤゴモリも現在では近隣集団としての性格を強くしているがもともとは親族集団として生まれたものがのちに変化したものである。

事例4　岩手県下閉伊《しもへい》郡岩泉《いわいずみ》町　食事の準備から野辺送《のべおく》り、埋葬まで葬儀の作業の主要な部分はすべて家族、親族が担当して、近隣集団には補助的な役割だけを頼む。葬儀は血縁的関係者が中心となって執行するものと決まっているという先に鈴木棠三が報告していた地域の事例。

事例4がもっともAの血縁的関係者中心のタイプで、事例1がもっともBの地縁的関係者中心のタイプで、それぞれ典型的で代表的な事例である。そして、事例3がAの血縁的関係者中心のタイプに近いがややゆるやかなタイプ、事例2がBの地縁的関係者中心的なタイプに近いがややゆるやかなタイプである。

四　シンルイを作る村・タニンを作る村

B中心の事例1からA中心の事例4まで、日本各地に伝えられているさまざまな変化型の存在は何を意味するのか。そこで注目されるのが両者の中間のいわば媒介項的な事例の存在である。葬儀においてわざわざシンルイを作るという事例と、その逆にタニンを作るという事例が存在するのである。

事例5　滋賀県蒲生郡竜王町綾戸――シンルイを作る村

綾戸《あやど》はこの一帯の三三ヵ郷の荘園鎮守社として古い由緒を伝える苗村《なむら》神社の地元の約七二戸の村落でほとんど地縁的な関係の家々からなっている[30]。七二戸のそれぞれにソーレンシンルイとしての付き合いができている家が決まっている（表7）。

表7　綾戸のソーレンシンルイの例

	家の整理番号	氏　　名	備　　　考
No.36 安井家 安井武	18	松井良夫	母親の実家
	35	西村巳千治	No.18が親元
	37	勝見和夫	（縁故不明）
	38	西村利和	（縁故不明）
	45	安井幸彦	本家
	58	田中義一	姉の嫁ぎ先
	62	小野定親	同じ定紋．No.45が本家
	64	勝見清一	No.18の兄弟
No.45 安井家 安井幸彦	7	福田　茂	甥
	17	松井　隆	（縁故不明）
	19	並川　清	（縁故不明）
	29	勝見　正	（縁故不明）
	34	布施元一	（縁故不明）
	36	安井　武	新家
	44	安井正親	弟
	47	勝見明雄	隣人
	49	安井養治	（縁故不明）
	52	勝見正男	（縁故不明）
	54	勝見総一郎	（縁故不明）
	57	勝見貞夫	（縁故不明）
	59	勝見健男	（縁故不明）

註　安井武家と安井幸彦家の例．数字は調査時の家の整理番号．

それは血縁関係の家もあるが、縁故不明の他人も多く含まれている。近隣関係でもなく相互的な関係でもない。人びとは「理由はわからないが、代々そうなっている」といい、葬儀のときには「大事なお方」だといっている。ソーレンシンルイの仕事の中心は葬儀の手伝いであり、とくに埋葬墓地サンマイでの墓穴掘りと遺体の埋葬である。最近では火葬になったので埋骨するだけの約三〇センチ四方の穴を掘るだけとなっているが、かつては棺を埋める大きな穴でなるべく深く掘ってもらっていた。ただし、掘る際には必ず喪家の主人がサンマイまでついて行き掘る場所を指定していた。サンマイは完全な共同利用で家ごとの区画はなかった。それで埋葬のつど古くなった場所など適当な地点を選んでいた。ソーレンシンルイの中の墓穴掘り役の約三、四人はむやみにスコップを下ろしてはならなかった。必ず喪主が指定し依頼した場所にスコップを下ろし、いったんスコップを下ろしたらそこから決して場所をかえてはならなかった。

この滋賀県をはじめ近畿地方の多くの村落は血縁的な同族集団の家々によって構成されているタイプの村落ではなく、この綾戸のように地縁的な家々によって構成されているタイプの村落が多いのが一般的傾向である。そして、葬送の儀礼や作業においては、集落内の相互扶助によって棺担ぎや墓穴掘りや埋葬の役が近隣の家々の間で回り当番によって担当されている。私の一九七〇年代の民俗調査でも、たとえば京都府綴喜《つづき》郡旧田辺町打田《うった》の事例では近隣の回り当番での墓穴掘りや埋葬の役が決められていた。しかし、その当番に当たっていわゆるオンボ役の墓穴掘りや埋葬の役をつとめてもらった人たちに対しては、喪主とその妻が墓地からの帰り道の路傍で荒筵《あらむしろ》を敷いて土下座をして彼らにお礼の挨拶をするのがしきたりであった。また、そのようなオンボ役をしてもらった人たちには、その作業のあとでまずは風呂に入ってもらい、上座に座ってもらってお酒とごちそうとでもてなすのが決まりだという例が近畿地方の村々では多くみられた。墓穴掘りや埋葬はそれほど重い役、ふつうは誰でも嫌う役であるのに、それを引き受けてもらう役であると位置づけられていたのである。しかし、この綾戸ではそのような喪主夫婦による土下座やオンボ役の人たちへの風呂浴びや酒席の接待のしきたりはなかった。それはソーレンシンルイの家の人たちは他人ではあってもシンルイになってもらっているからその役を頼めるのだというのである。

事例6　福井県敦賀市白木——タニンを作る村

白木は近世以来ながく分家制限を行なってきており、現在も一五戸だけで村が構成されている[31]。村中が親戚関係にある一五戸は、自分の家に対して他の一四戸との関係をオモシンルイ、コシンルイ、タニンの三種類に分けている（表8）。オモシンルイは村内の結婚で結ばれておよそ四代目までの家で五代目以降はコシンルイになるケースが多い。タニンには、「ほんまの他人で、血筋でつながらない」家と実際には血筋がつながっている従兄弟《いとこ》どうしの場合でも「家ごとのしきたりとしてタニンになっている」という例も少なくない。なぜタニンを作るのか、それは葬儀での棺担ぎと火葬で遺体を焼くオンボ役をやってもらうためである。

近隣の美浜《みはま》町菅浜や敦賀《つるが》半島の縄間《なえま》や立石では、親の葬式での墓穴掘りや棺担ぎの役は子供がするものだといっており、血縁的関係者が中心となって葬式を行なう事例が多くみられる。だから「菅浜では葬式は親と子だけでする。最後の別れだから親と子だけでするのが本当だと思う。白木のようにタニン任せにするのはおかしいと思う」という人も少なくない。

表8　白木のオモシンルイ・コシンルイ・タニンの関係

A欄の家番号からみた主親類・小親類・他人の関係

B＼A	1	2	3	4	5	6	7	8	9	10	11	12	13	14	15
1		×	△	×	△	◎	△	△	◎	△	◎	×	◎	△	◎
2	△		◎	×	△	△	△	◎	△	△	△	△	×	△	◎
3	△	◎		△	◎	◎	△	◎	△	△	△	×	×	×	◎
4	×	×	△		△	△	△	◎	◎	×	×	×	◎	◎	△
5	△	△	◎	△		◎	◎	×	△	×	◎	◎	×	×	×
6	◎	△	◎	△	△		×	△	×	△	◎	△	×	×	◎
7	△	△	△	△	◎	×		×	△	◎	△	×	◎	◎	△
8	△	◎	◎	◎	×	△	×		×	◎	△	△	△	△	△
9	◎	△	△	△	△	×	△	×		◎	◎	◎	△	△	◎
10	△	×	△	×	×	×	◎	◎	◎		×	△	△	△	×
11	◎	△	△	×	◎	◎	△	△	◎	×		◎	△	×	◎
12	×	△	×	×	△	△	×	△	◎	△	◎		△	×	△
13	◎	×	×	◎	×	×	◎	△	◎	◎	△	△		◎	△
14	△	△	×	◎	×	×	◎	△	△	△	×	×	◎		×
15	◎	◎	◎	△	×	◎	△	△	◎	×	◎	△	△	×	

註　数字：図24の家番号.
　◎：主親類，△：小親類，×：他人.
　個々の家ごとにつくられた関係であり，それぞれが対応していない場合も多い.

出典　関沢まゆみ「葬儀とつきあい」(『宮座と老人の民俗』吉川弘文館，2000年より).

つまり、この敦賀市域では遺体に接触する役である棺担ぎや火葬や埋葬は血筋のつながる身内の者が当たるべきだというかたちが多く存在しているのである。しかし、その中で、この白木では血のつながる親戚関係の者の中からわざわざタニンを作ってその役に当たってもらうというかたちができてきているのである。それは、もともと棺担ぎや火葬や埋葬は血縁的関係者が当たるかたちであったのが、そうではなく地縁的関係者が当たるべきだという新たな考え方が起こってきてからのことと考えられる。実際にはA血縁的関係者なのに、B地縁的関係者になってもらうことによってその役を担ってもらうことができる、という考え方は、血縁以外の人に依頼すべきだという考え方が新たに起こってきたからこその工夫であったと考えられるのである。

五　家族のつとめ

死体は腐乱と汚穢　人間は生きているうちはきれいだが、死んだらきたなくなる。死体は気味の悪いものである。直接体験してみればわかる。放っておけば体内に残っていた糞尿も出るし血液も体液も出てきて汚くてその始末に困る。そして腐乱が始まり、腐臭もただよいはじめる。汚く穢れたもので、誰も本当はさわりたくないものである。でも放ってはおけない。それをきれいな状態に保ってあげて、その死を悼《いた》み、一応の別れの儀式をして区切りをつけ、その後に埋葬したり火葬してあげる役目を果たすのは、ふつうに考えれば、その死者にもっとも親近感をもつ人たち以外にはありえない。だから、民俗伝承の上で、A＝葬儀は家族と親族が中心となって執行するというタイプと、B＝葬儀は隣近所や講の家々の互助協力によって行なわれるというタイプと、その両者があるという現実に対しては、実際の民俗調査でいくつかの具体的な死と葬送の現場に立ってみれば、Aが生存的な自然的な関係からみて基本であり、Bが文化的で社会的な展開であるということが理解できる。死体の処理には労働の負担が必然である。Aはそれが自然のつとめだと考えられている。そしてその労働負担はもちろん無償である。それはそれぞれの社会で当然のこととみなされているからである。Bはそれが自然のつとめではなく社会的なつとめだと考えられている。その労働負担は無償ではない。相互扶助の原則のもとに相応の労働負担を返しあう仕組みができていてそれが繰り返されている。Cはもちろん有償である。特別な知識と技能とがあるからである。有償に見合うほどの死者を送る荘厳が設営されるが、金銭や物品の支払いが行なわれることによってその感謝の気持ちにともなう縁、つまり社会的関係という縁の継続を切断している。だから無縁の立場の人たちだと位置づけられるわけである。

A血縁からB地縁への変化　そうしてみると、Aの担当作業が無償で自然なもの、Bの手伝いが有償で労働負担の相互交換という社会的なもの、Cのサービスは有償で経済的かつ文化的なもの、と分類できる。であれば、上記の事例1、事例2、事例3、事例4を比較してみると、もっとも自然で基本的なかたちというのは、むしろこれまではめずらしいタイプと思われていたAが主に担当する事例

図4　A血縁とB地縁の比重の事例差

4や事例3が伝えているかたちであり、すべてBの担当という事例1はむしろ社会的な制度化が進んだ段階でみられるようになった極端なかたちであると考えられる。事例2で死亡当日だけは家族や親族が担当するというのは、Bの担当へと制度化されながらもともとはAが担当すべきものだという考え方が残っていて、そのようなかたちが伝えられているものと考えられる。

そして、シンルイを作る事例5の竜王町綾戸のような事例は、死穢を発する死体を埋めるような人が嫌がる仕事はシンルイになってもらうことによってお互いに頼み合えるというかたちが工夫されているものと考えられる。死体の処理は実際はBが担当しているのに考え方としてはAがするものだという考え方が残っているタイプである。一方、タニンを作る事例6の敦賀市白木のような事例は、実際はAが担当しているのに考え方としてはBが担当するべきだという考え方が起こってきているタイプである。綾戸の事例の方がまだAが担当するものだという考え方が残っている過渡期の事例であり、白木の事例の方がBが担当するものだという考え方に変わってきている過渡期の事例であると考えられるのである。

重出立証法の有効性　こうして日本各地の葬送事例を比較研究の視点でみてみるならば、古いかたちのA血縁的関係者が主として担当するという事例から、新しいかたちのB地縁的関係者が主として担当するという事例まで、その両極端な事例が存在しながら、その中間的な事例も数多く存在するということがわかってくる。つまり、A血縁からB地縁へ、という歴史的な変化を示すその段階差が、それぞれの事例とその情報の中に伝承されているのである。このようなとらえ方が、柳田國男が民間伝承の学、つまり民俗伝承学の視点と方法として力説した重出《じゅうしゅつ》立証法《りっしょうほう》であり、それに学びさらに継承発展させようとする私たちや若い次世代の研究者が学ぶべき視点なのである。

日本民俗学（伝承分析学・民俗伝承学）の重出立証法というのは文献史学（狭義の歴史学）の単独立証法と対比される方法であり、日本各地のなるべく多くの事例情報を調査蒐集して分類し整理してそれが発信している歴史情報を読み取ろうとする方法なのである。柳田が提唱したもう一つの比較研究の視点と方法である方言周圏論は民俗の分布に注目して、「遠方の一致」などにその意味を見出そうとしたものであるが、重出立証法というのは必ずしも分布の傾向性を根拠として論じるものではない。地域ごとの事例差の中に歴史的な変遷の段階差を読み取ろうとするもう一つの方法なのである。

六　古代・中世の葬送情報

往生伝や説話類からの情報　民俗は伝承 tradition である。伝承 tradition は現在の情報であると同時に歴史を背負った情報である。その意味を考える上では、歴史的な情報にも注目してみる必要がある。ただし、古代・中世の一般庶民の葬送の実際や実態に関する記録情報は少ないのが実情である。わずかに往生伝《おうじょうでん》の類や仏教説話の類などの中にいくつかの参考情報がある程度である。本来の文献史学ではしょせん第二次史料、第三次史料のレベルのものでしかない。伝承分析学としての民俗学の立場からも、それらの文学的な作品の中の情報は史実の確認という意味ではなく、平安時代後期から鎌倉時代にかけての当時の社会のあり方を反映しそれを伝えている参考情報であろうということを考慮した上で、いくつかの記事に注目してみる。[32] それらによれば、やはり葬送は基本的にA家族や親族の役割であり一定の資財が必要不可欠とされていたことがわかる。

史料1　『拾遺《しゅうい》往生伝』（一〇九九～一一一一年ごろ成立）巻中第二六話　「下道重武者、左京陶化坊中之匹夫也。（中略）宅無資貯、又無親族、死後屍骸、誰人収斂乎、遺留妾児旁有労」

史料2　『拾遺往生伝』巻上第一九話　「汝是寡婦、争斂死骸、為省其煩、故以離居」

史料3　『今昔物語集《こんじゃくものがたりしゅう》』（一一二〇年代成立）巻二四第二〇話　「其女父母モ無ク親シキ者モ無カリケレバ、死タリケルヲ取リ隠シ棄ツル事モ無クテ、屋ノ内ニ有ケルガ、髪モ不落シテ本ノ如ク付タリケリ」

史料4　『今昔物語集』巻二八第一七話　「（死んだ僧が）貧カリツル僧ナレバ、何カガスラムト推量ラセ給テ、葬ノ料ニ絹、布、米ナド多ク給ヒタリケレバ、外ニ有ル弟子童子ナド多ク来リ集テ、車ニ乗セテ葬テケリ。（中略）□ガ葬料ヲ給ハリテ、恥ヲ不見給ヘズ成ヌルガウラヤマシク候也。□モ死候ヒナムニ、大路ニコソハ被棄候ハメ」

史料5　『沙石集《しゃせきしゅう》』（一二七九～八三年ごろ成立）巻一第四話　「母ニテ候モノノ、悪病ヲシテ死ニ侍リケルガ、父ハ遠ク行テ候ハズ、人ハイブセキ事ニ思ヒテ、見訪フ者モナシ。我身ハ女子ナリ。弟ハイヒガヒナシ。只悲シサノ余ニ、泣ヨリ外ノ事侍ラズ」

史料6　『八幡愚童訓《はちまんぐどうくん》』乙（一二九九～一三〇二年ごろ成立）下巻第三話　「我母にてある者の今朝死たるを、此身女人也、又ひとりふどなれば送るべきにあらず、少分の財宝もなければ他人にあつらへべき事なし。せんかたなさのあまりに立出たる計也」

史料7　『八幡愚童訓』乙　下巻第四話　「近来備後国住人覚円と云し僧、大般若供養の願をたてて当宮に参宿したりしが、世間の所労をして死にけり。無縁の者なりければ実しき葬送なんどに及ばずして、さかが辻と云所に野すてにしてけり」

（下線筆者）

「野棄て」もあり　史料1では、「宅無資貯、又無親族、死後屍骸、誰人収斂乎」「遺留妾児旁有労」と、史料2では、「汝是寡婦、争斂死骸、為省其煩」とある。つまり、資財や親族がない場合には誰も死骸を収斂《しゅうれん》してはくれないというのである。史料3では、親族がいなければ誰も死骸は処理せずに死後は放置されるといっている。史料4では資財があれば立派に死骸が処理され葬送が行なわれる、ということがわかる。史料5や史料6からは親族がなく財宝もなければ他人に葬送を依頼することはできない、史料7からは親族がいなければ野棄《のす》てにされる、ということがわかる。

平安時代から鎌倉時代の社会では、死と葬送は家族や親族の負担で処理されるのが当然であり、それがなければ資財をもって他人に依頼することもできた、しかし、そのいずれもない場合には「野棄て」にされてしまうと考えられていたことが、これらの記事からわかるのである。

七　近世における地縁的組織の形成

では、事例1の広島県山県郡旧千代田町域（現・北広島町域）の事例のように、死亡直後から火葬など葬送の終了まですべての作業を近隣集団の手に委ねるという極端なB地縁中心的な方式が実現してきているその背景にあったのは何だったのか。それはたとえば事例1の場合、浄土真宗門徒の講中の形成であったと考えられる。その講中の形成を示す史料情報の一部が、史料8、史料9である。講中の活動は日常的には毎月一回の宿を決めての小寄講《およりこう》と、年に一回の盛大な報恩講《ほうおんこう》である。そして、その講中の果たす最大の役割が葬儀の際の徹底した互助協力であった。

史料8　「戸谷村浄円寺ニ付村中定書一札」延宝五年（一六七七）（下線筆者）

戸谷村（現・北広島町）浄円寺所蔵

一、浄円寺殿所之者持居不申候ニ付かんにん罷成不申候て今度銀山一門之所へ牢人仕候ニ付、御公儀様より急度呼戻し所之すまひ仕候様ニと被仰付候ニ付皆々立相談仕、所之茶香とき坊主ニ仕、所に置申様ニ仕候事相違無御座候事、

一、鶉木之者共ハ親々申定候通ニ手次ニ可仕候、村中茶合之儀者当月より浄円寺殿ニてよろこひ可申候、(中略)右之条々無相違様ニ可仕候、若相違候ハ、此書物を以庄屋組頭小百姓ニ至迄越度ニ可罷成候、為後日如件、

延宝五年巳ノ七月廿七日

戸谷村 組頭 七郎左衛門 印

(以下計七名連署・印 略す)

戸谷村 浄円寺 殿

同村 庄屋 忠左衛門 殿

この文書は、戸谷《とだに》村(現・広島県北広島町戸谷)の浄円寺の住職が地域の者と折り合いが悪くなり石《いわ》見《み》国大森《おおもり》銀山幕府代官領内に立ち退いた事件に対して、もとの戸谷村の寺に帰るように働きかけて、その待遇を明示したものである(33)。石見の大森銀山領から帰ってきた住職に対して組頭が連名で「所之茶香とき坊主」として遇することを約束している。この「茶香《ちやこう》」とは現在も安芸門徒《あきもんと》の間で行なわれている「お茶講」のことと思われる。次の「村中茶合之儀」も同様で、この延宝五年(一六七七)の時期に早くも講中の会合が行なわれていたことがわかる史料である。

史料9 「広島の仏護寺から西本願寺への書状」(下線筆者)

『安芸国諸記』丑（天明元年〈一七八一〉一一月一八日）春の条

当国諸郡村門徒法用之儀者、従往古城下寺庵之門徒ニ而茂、其村々寺庵之ヨリ報恩講並毎月大寄小寄講等相勤、寺相続致来候、

この史料は、天明元年一一月一八日付の広島寺町の仏護寺から京都の西本願寺の僧官に提出した書状の一部である。[34]「其村々寺庵之ヨリ報恩講並毎月大寄小寄講等相勤」とあるように、天明期には安芸門徒のほとんどの村で報恩講や大寄小寄などの行事と講中ができていたことがわかる。

八　ホール葬の威力

近年の葬祭業者の関与と新型公営火葬場の設営と葬祭ホールの利用という全国的な動きは、事例1の広島県山県郡旧千代田町域（現・北広島町域）においても例外ではない。平成二〇年（二〇〇八）のJA「虹のホール」の開業は、それまで伝統的であった根強い安芸門徒の講中による相互扶助の葬儀を大きく変換させてきている。JA「虹のホール」の職員が主導する葬儀となり講中の手伝いが不要となってきているのである。[35]広く長い日本歴史の中で、葬儀の主たる担当者は、A血縁的関係者からB地縁的関係者へという変化を刻んできているということがわかったのであるが、戦後の高度経済成長期を経て急激に葬祭業者の参入へという動きが加速しそれが最近では葬祭場の利用へ、つまりC無

縁的関係者の主導へという変化がいま起こってきている。つまり、葬儀の主たる担当者は歴史の上で、A→B→Cという大きな三波展開を刻んでいるということができるのである。このような民俗伝承の比較研究という方法と記録資料の追跡という方法によって、民俗つまり伝承文化の変遷史を明らかにしようというのが、日本民俗学（伝承分析学・民俗伝承学）の「変遷論」という視点なのである。

九　分析概念としてのオヤオクリ

一方、そのような葬送習俗の変遷史の中でも変わることなく伝承され通貫している部分もある。それに注目するのが「伝承論」という視点である。そして、その点からいえば、葬儀つまり死をめぐる儀礼的対応は基本的に生の密着関係が同時に死の密着関係へと作用して長い歴史の流れの中でもつねに親子などの血縁関係者が葬儀の基本的な担い手とみなされてきているという事実が注目される。これまでBの地縁的関係者が主に分担してきた葬儀の場合でも、土葬の場合には最初の一鍬《ひとくわ》の土を棺にかけるのは喪主だとされ、火葬の場合にも最初に火をつけるのは喪主だとされてきていた。ここで紹介した事例5滋賀県竜王町の事例でも、サンマイは完全な共同利用で家ごとの区画はなく埋葬のつど古くなった場所で適当な地点を選んできたが、墓穴掘り役の約三、四人はむやみにスコップを下ろしてはならなかった。必ず喪主が指定し依頼した場所にスコップを下ろし、いったんスコップを下ろしたらそこから決して場所をかえてはいけないとされていたのである。それは葬送というものは家族や親族が自ら行なうものだという不文律があったからこそ、そのようなしきたりが根強く残され伝えられてきていたのだと考えられる。葬儀をめぐるそのような変わりにくい伝承から注目されるのが、民俗の中の「親送り」という言葉である。[36]親を送るのは子のつとめだという意味の言葉である。それをここであらためて抽象化して提示するならばオヤオクリという分析概念として提出できるであろう。

それは前述のように、生の密着関係が死の密着関係へと作用するという、社会的に伝承されてきている義務的な観念である。これから近未来の日本社会でますます主流となっていくであろうCの無縁的関係者たる葬祭業者が主となって行なう葬儀の場合でも、火葬の点火のスイッチを押すのが喪主の役目だとされる伝承は根強く伝えられていくことであろう。近年の「家族葬」の流行も、葬儀の基本がオヤオクリにあるということを表わしている一つの歴史上の現象としてとらえることができる。

かつて柳田國男の指導のもとに「児やらひ」という民俗の言葉に注目したのは大藤ゆきであったが、[37]親子の関係を生と死という存在論的な枠組みから対比的にとらえてみるならば、その「児やらひ」と「親送り」という民俗の言葉があらためて注目される。そこでここに、日本の民俗伝承の中から抽出される親子の関係と結びつきを表わす概念として、「ハレとケ」のような対概念にならうならば、「コヤラヒとオヤオクリ」という対概念を設定することができるであろう。

日本の葬送の民俗伝承から日本民俗学（伝承分析学・民俗伝承学）がその視点と方法によって抽出で

きる「変遷論」とは、「A血縁→B地縁→C無縁」という葬儀の担い手の三波展開の民俗変遷史であり、「伝承論」とは、親と子の生と死の民俗に通貫している「コヤラヒとオヤオクリ」という不易《ふえき》の概念なのである。

註

(1) 新谷尚紀『民俗学とは何か―柳田・折口・渋沢に学び直す―』(吉川弘文館、二〇一一年、六～一〇頁)。

(2) 國學院大学に国文学と国史学の必修科目として民俗学が設置されたのは昭和一五年(一九四〇)四月のこと。折口信夫「民間伝承学講義」(『折口信夫全集』ノート編、第七巻、中央公論社、一九七一年〈大正九年末から翌一〇年にかけて行なわれた國學院大学郷土研究会での特別講義〉)では民間伝承学と呼んでいた。ただし昭和一二年から翌一三年の「民俗学への導き」(『折口信夫全集』ノート編、第七巻、中央公論社、一九七一年)では、民間伝承学は完全な語ではあるが長すぎるのといろいろな語があると混乱するので、これからは民俗学という名称を使いたいと述べている。めざす学問の理念と学術世界の現実との間での苦心の調整による名乗りの選択であった。これはのちの民間伝承の会から日本民俗学会への名称変更の際の柳田との緊迫した説得の中にもみられることになる。註(1)拙著の一五二～五七頁参照のこと。

(3) たとえば鹿野政直『近代日本の民間学』(岩波新書、一九八三年)は、柳田の民俗学への温かい理解に満ちた著書であるが、柳田がその学問を国民一人一人の学問としたいと意図するとともに、その一方で確実に日本と世界のアカデミズムの中に正統に位置づけられるように成長させねばならないと構想していた事実を、必ずしも明示していない。その点では、柳田の民俗学への同情はあるが一般読者に曖昧な理解を導く懸念もある。著者の真意に注意して読まれるべき書である。

(4) 現在の日本学術振興会の科学研究費補助金の制度の上では、民俗学は文化人類学の一分野と位置づけられている。それは柳田國男の創生した日本民俗学を学術世界に正統に位置づけようとした石田英一郎をはじめとするおおぜいの研究者の努力の結果であり、それなりに現実的で社会的な重要な意味をもっている。その点はもちろん重要であり、註(1)の拙著でも確認しているところである。日本民俗学の継承と発展のために筆者たちもその恩恵を受けてきたことは事実である。しかし、日本民俗学の学問としての特徴と独自性が本文で指摘しているように文化人類学の一分野にとどまるものではなく、むしろ文献史学へのアンチテーゼであるという点にまちがいはない。

(5) 註(1)拙著の一九八～二〇一頁、二二一～二二三頁参照のこと。

(6) この語は英語ではまだ存在しない語で、社会人類学のトム・ギル氏Prof.Tom Gillの教示によれば、W.W.Newell,1906, Journal of American Folk-lore で、The phenomena of traditionology, if the term may be allowed, have therefore some resemblance to those of botany と、「このような表現を認めていただけるなら」と述べているのが実情である。また、フランス語でも、A・V・ジェネップ A.V.Gennep (1873—1957) が、Le folkloriste s'adresse aussi a ses lecteurs, en leur demandant conseil quant au nom de la discipline:《Admettra-t-on un jour traditionologie, populologie, populographie ou populosophie ? Si un lecteur peut nous offrir une solution raisonnable, nous lui en serons tous reconnaissants》(185) と述べている程度である。現在の学術世界ではまだ受け入れられていない語ではあるが、むしろ日本の民俗学がこれからしっかりと研究の内実をあらためて調えながら発信していく必要のある名乗りの語である。註(1)拙著の二二一頁及び二二五頁参照のこと。

(7) 新谷尚紀『伊勢神宮と出雲大社―「日本」と「天皇」の誕生―』(講談社選書メチエ、二〇〇九年)、同『伊勢神宮と三種の神器』(講談社選書メチエ、二〇一三年)など。

(8) 柳田國男の比較研究法に対する折口信夫の理解の深さを示す文章をここに紹介しておく。柳田と折口の関係について誤解まじりに言及されることが多いのを憂いてのことであり、やや長いが大切なことなのでこの機会に紹介しておく。柳田國男と折口信夫の最初の出会いは大正四年(一九一五)の『郷土研究』誌上の三巻一号と二号の「柱松考」と「髯籠の話」という二つの論文でのことであった。しっかりと手間をかけて数多くの関連資料を集め総合的に情報を整理しながら分類比較をして多様な民俗伝承の中にも貫通する分析概念の発見をめざすと同時に、それら多様な民俗伝承の差異の中に生活変遷の段階の跡を追跡しようとしていた柳田に対して、一方、多様な民俗伝承の中に重要な共通点を見つけ出して明晰な分析概念を抽出する折口と、この二人の学問姿勢の根本はすでにその二つの論文の中でも明らかであった。そうして、依り代、常世、まれびと、予祝、もどき、などさまざまな民俗学の貴重で明晰な分析概念を発見していった折口であったが、そんな折口がむしろ柳田のまわりくどいほどの民俗伝承の資料情報蒐集と分類比較研究という視点と方法とを、もっともよく理解していたことは、折口の文章を読めばすぐにわかる。たとえば、昭和四年（一九二九）の「民俗学学習の基礎」（『折口信夫全集』第一六巻、中央公論社、一九五六年）では、「民俗学では（中略）我々の断片的な知識を継ぎ合はせて元の姿を見る事が出来るのである。民俗学はかういふ点でも少し歴史と変わつている」といい、学生たちに次のようにも教えている。

> 材料は多く集めなければならぬ。多く集めると共に、その材料が学者の皮肉の間にしみこんでゐなければならぬ。何かの時に一つの戸を開ければ、それに関係ある事が連繋して出て来なければならぬ。それにはどうしても我々自身が体験し、実験して見なければならないのである。（中略）断片をつなぎ合して一つの形を得るのは、我々の実感・直感（実感・直感＝洞察力：筆者注）である。（中略）我々の学問はもつと大きくならねばならぬ。次に材料を訪ね探すこと、採訪が疎かにされ勝ちであるがこれはいかぬ。実感を深くとり入れてないと、連繋的な物に逢つても、本道な感じが浮いて来ぬことになる。これでは駄目である。それには自分の歩いて採訪するのが本道であつて、一番貴いのである。それが出来ない時には本から材料をかあどに記入しておくのであるが、書物には、著者の観察の違ふものがあつたり、色々と欠点があるから、かあどを取るための本は良い本でなければならぬ。（中略）採訪とかあどと、この二つはどうしてもやらねばなら

ないことである。書物ばかりの知識は危険である。柳田先生はこの点では鬼に金棒である。柳田先生の本を読んで統一する基礎は、その歩いてきた実感にあるのである。それであるから若い間に出来るだけ採訪して歩くのがよい。科学的だとか学問的だとか考えるよりも、之が一番大切なことである。材料の少しづゝの違ひが思はぬ解決をさすものであるから、どんな小さいことでも疎かにせず、採集して、欲しい。

また、昭和一〇年（一九三五）の「民俗研究の意義」（『折口信夫全集』第一六巻、中央公論社、一九五六年）でも、「我々の用ゐた郷土研究は、歴史をもつて考へ切れないものを、各地に残存しているもの、比較によつて究めようとするのである」と述べており、また、結婚式と三々九度の話題から献盃というのがもともと服従を誓うしるしであったということについて、「此れには、僅かながら歴史的文献もあり、文献以外にも、飛び飛びに残つてゐるものによつて有力に証明できる」と述べている。

（9）柳田國男『蝸牛考』（刀江書院、一九三〇年〈『定本柳田國男集』第一八巻〉）。

（10）柳田國男「聟入考」（『三宅博士古稀祝賀記念論文集』岡書院、一九二九年〈『定本柳田國男集』第一五巻〉）。

（11）新谷尚紀『両墓制と他界観』（吉川弘文館、一九九一年）、関沢まゆみ『宮座と墓制の歴史民俗』（吉川弘文館、二〇〇五年）、同「宮座祭祀と死穢忌避」（『排除する社会　受容する社会』吉川弘文館、二〇〇七年）、新谷「石塔と墓籍簿―実際の死者と記録される死者：両墓制・単墓制の概念を超えて―」（『国立歴史民俗博物館研究報告』第一四一集、二〇〇八年）、同「葬送習俗の民俗変化1―血縁・地縁・無縁―」、同「葬送習俗の民俗変化2―広島県山県郡北広島町域（旧千代田町）の事例より：二〇〇八年葬祭ホール開業とその前後―」（『国立歴史民俗博物館研究報告』第一九一集、二〇一五年）。

（12）たとえば福田アジオ『柳田国男の民俗学』（吉川弘文館、一九九二年、一三二～一三三頁）は、両墓制が近畿地方にもっとも濃密な分布をみることは、柳田國男のいう民俗や方言の周圏論と矛盾すると述べている。それは多くの両墓制研究者の共通の認識であり、竹田聴洲『民俗仏教と祖先信仰』（東京大学出版会、一九七一年、三頁）も同様の疑問を述べている。その福田の「周圏論との矛盾」や「柳田国男の思い込み」という理解に対して、それは福田が柳田を誤読しているからだと批判したのが岩本通弥であった。しかし、その岩本の総括的な論文「戦後民俗学の認識論的変質と基層文化論」（『国立歴史民俗博物館研究報告』第一三二集、二〇〇六年）でも、もともと福田との論争の出発点であったはずの肝心の両墓制の分布の問題についての論究はないままであった。

（13）関沢まゆみ「『戦後民俗学の認識論批判』と比較研究法の可能性」（『国立歴史民俗博物館研究報告』第一七八集〈国立歴史民俗博物館開館三〇周年記念論文集I〉、二〇一三年）、歴博民俗研究映像『盆行事とその地域差』二〇一三年度製作（歴博映像フォーラム9「日本各地の盆行事と葬送墓制の最近の変化」新宿明治安田生命ホール、二〇一四年六月二一日開催）。

（14）柳田以後の盆の行事と迎える霊魂についての研究としては、最上孝敬「無縁仏について」（『霊魂の行方』名著出版、一九六〇年）、伊藤唯真「盆棚と無縁仏」（『講座日本の民俗6』有精堂、一九七八年）、喜多村理子「盆に迎える霊についての再検討」（『日本民俗学』一五七・一五八合併号、一九八五年）、高谷重夫「餓鬼の棚」（『日本民俗学』一五七・一五八合併号、一九八五年）などがある。いずれも柳田のいう三種類の霊魂に注目したもので、柳田の比較研究法の視点に学ぶものであった。その研究成果としては、古くは屋外で先祖も新仏も無縁仏も祀られていたのが、位牌や仏壇の普及によって先祖の霊を祀る場が屋外から屋内へと移動したのであり、無縁仏だけが屋外に取り残されたのだという変遷を想定したものであった。つまり地域的な事例差には時代的な変遷が反映していると読み取ろうとしていた点では柳田の視点を継承するものであったが、全国的な規模での事例情報の蒐集にもとづくものではなかった。

（15）註（13）に同じ。なお、本書所収の関沢論文も参照のこと。

（16）新谷尚紀『ケガレからカミへ』（木耳社、一九八七年）、同「死とケガレ」（『往生考―日本人の生・老・死―』〈小学館、二〇〇〇年〉）、同「ケガレの構造」（岩波講座『日本の思想』第六巻〈岩波書店、二〇一三年〉）。

(17) 新谷尚紀『両墓制と他界観』（前掲註(11)）。
(18) 新谷尚紀『日本人の葬儀』（紀伊國屋書店、一九九二年）。
(19) その成果は『国立歴史民俗博物館資料調査報告書9　死・葬送・墓制資料集成』東日本編1・2、西日本編1・2（総計約二〇〇〇頁）、二〇〇〇年として刊行されている。関連のフォーラム記録刊行として『葬儀と墓の現在―民俗の変容―』（吉川弘文館、二〇〇二年）がある。
(20) 浅井良夫「開発の五〇年代から成長の六〇年代」（『国立歴史民俗博物館研究報告』第一七一集、二〇一一年）。
(21) 基幹研究「高度経済成長と生活変化」平成一九年度ワークショップ1「高度経済成長期の都市と農村」報告・討論記録集、国立歴史民俗博物館、関沢研究室気付、二〇〇八年。同平成二〇年度ワークショップ2「高度経済成長期の生産と消費」報告・討論記録集、二〇〇九年。
(22) 新谷尚紀「電気洗濯機の記憶」（『高度経済成長と生活革命』〈吉川弘文館、二〇一〇年〉）。
(23) 国立歴史民俗博物館『葬儀と墓の現在―民俗の変容―』（吉川弘文館、二〇〇二年〈前掲註(19)〉）。
(24) 歴博映像フォーラム9「日本各地の盆行事と葬送墓制の最近の変化」（二〇一四年六月二一日開催、会場は新宿明治安田生命ホール）。
(25) 『角島の民俗誌』（東京女子大学民俗調査団、一九九七年）。
(26) 新谷尚紀『両墓制と他界観』（前掲註(11)）。
(27) 鈴木棠三「陸中安家《あっか》村聞き書き」（『ひだびと』七巻九・一〇号、一九三九年）。
(28) 竹内利美「村社会における葬儀の合力組織」（『ムラと年齢集団』〈名著出版、一九九一年、初版一九四一年〉）など参照のこと。
(29) 新谷尚紀「葬送習俗の民俗変化1」（『国立歴史民俗博物館研究報告』第一九一集〈前掲註(11)〉）で四つの事例の詳細な内容を紹介している。

（30）『綾戸の民俗誌』（東京女子大学民俗調査団、二〇〇三年）。
（31）関沢まゆみ「他人をつくる村」（『比較家族史研究』一一号、一九九六年。のち「葬儀とつきあい」〈『宮座と老人の民俗』吉川弘文館、二〇〇〇年〉所収）。
（32）文献記録を参照した葬儀や墓制の歴史については、筆者にも『生と死の民俗史』（木耳社、一九八六年）、『日本人の葬儀』（紀伊國屋書店、一九九二年）、『お葬式―死と慰霊の日本史―』（吉川弘文館、二〇〇九年）などがあるが、文献史学でも、高田陽介「境内墓地の経営と触穢思想」（『日本歴史』四五六号、一九八六年）、同「村の墓・都市の墓」シンポに寄せて」（『遥かなる中世』一三号、一九九四年）、水藤真『中世の葬送・墓制』（吉川弘文館、一九九一年）、前嶋敏「中世の葬送儀礼における遺体の移葬について―「移」・「渡」・「盗出」をめぐって―」（『中央大学大学院論究』二九巻一号、一九九七年）、堀裕「天皇の死の歴史的位置―「如在之儀」を中心に―」（『史林』八一巻一号、一九九八年）、同「死へのまなざし―死体・出家・ただ人―」（『日本史研究』四三九号、一九九九年）、勝田至『死者たちの中世』（吉川弘文館、二〇〇三年）、同『日本中世の墓と葬送』（吉川弘文館、二〇〇六年）、上島享「〈王〉の死と葬送」（『日本中世社会の形成と王権』〈名古屋大学出版会、二〇一〇年、初出は二〇〇七年〉）、島津毅「中世の葬送と遺体移送―「平生之儀」を中心として―」（『史学雑誌』一二二編六号、二〇一三年）、等々の蓄積がある。
（33）『千代田町史　資料編　近世（下）』（一九九〇年）四四三～四四頁。
（34）『安芸国諸記』丑（天明元年一一月一八日春の条）。
（35）新谷尚紀「葬送習俗の民俗変化2」（『国立歴史民俗博物館研究報告』第一九一集〈前掲註（11）〉）。
（36）『綜合日本民俗語彙』一巻（平凡社、一九五五年）、関沢まゆみ「北巨摩郡柳沢の位牌分けと別帳場」（『日本民俗学』二〇四号、一九九五年。のち『宮座と老人の民俗』〈吉川弘文館、二〇〇〇年〉所収）。
（37）大藤ゆき『児やらひ』（三国書房、一九四四年。のちに岩崎美術社）。

祖霊とみたまの歴史と民俗

大本敬久

一　正月と死者祭祀

柳田國男《やなぎたくにお》は『先祖の話』の中で、愛媛県を中心に四国地方に見られる巳正月《みしょうがつ》行事や東北地方に伝承されているみたまの飯《めし》の習俗を事例にあげながら、盆だけではなく正月も元来は同じ「先祖」を祀る期間であったと述べている。「先祖」を祀ることが主として仏教の専業となり、正月を避けて「仏の正月」をその前後に行うことで、正月から「先祖祭」の性格が失われたとしている(1)。

巳正月は「仏の正月」「巳午（ミウマ、ミンマ）」ともいわれ、一二月巳の日に新仏《しんぼとけ》のために行われる正月行事に似た儀礼のことで、愛媛県、香川県西讃地方、高知県山間部、徳島県西部に分布する（図1参照）。儀礼内容としては、自宅に簡単な祭壇を設け、位牌を祀り、餅、注連飾《しめかざ》り、菓子などを

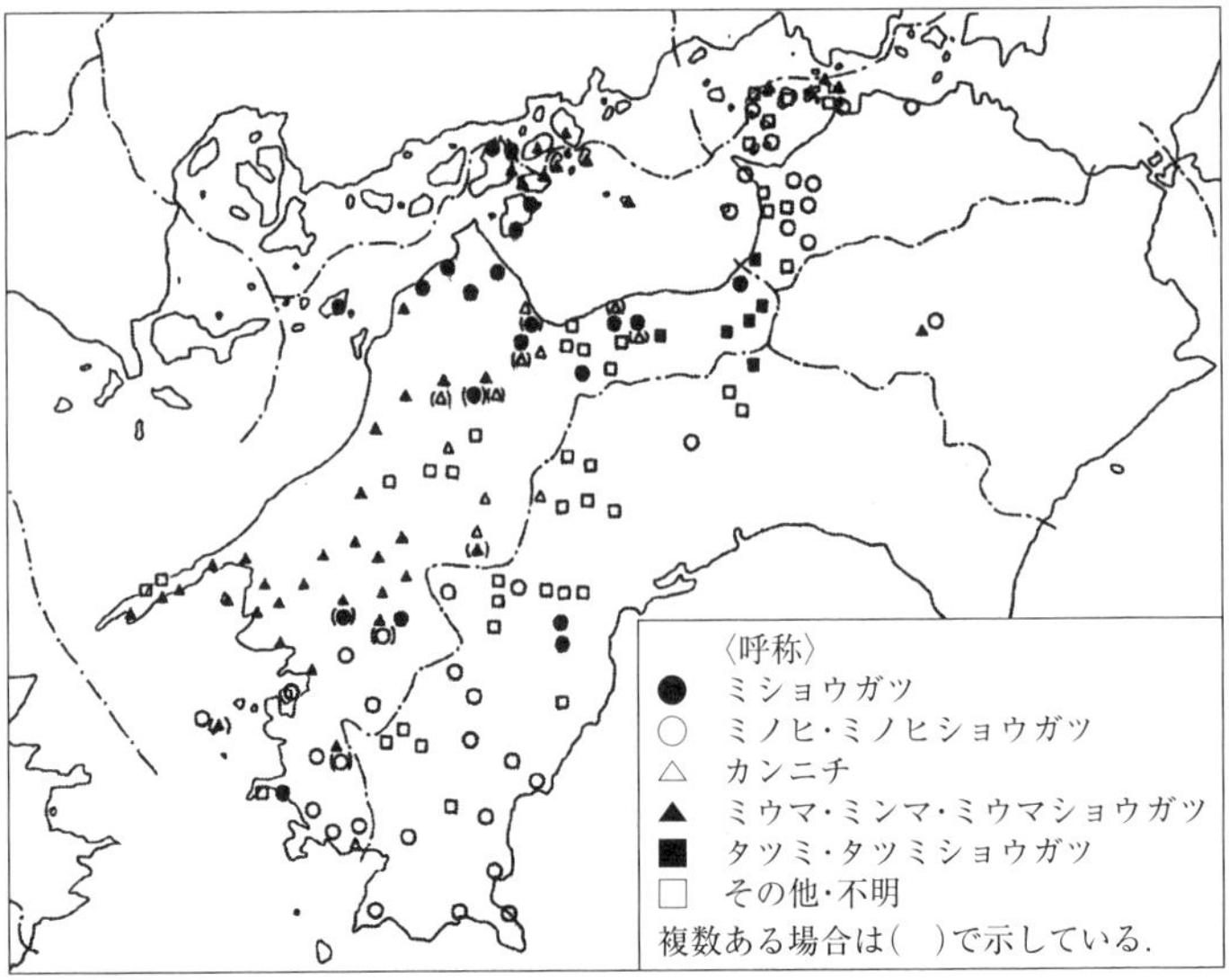

図1　巳正月の分布地図

供え、家族、親族が墓参し、墓前に正月とは逆《ぎゃく》綯《な》いの注連縄を張る。そして近親者が餅を焼いて墓参した者が共食する。現在でも新仏の家の多くが実施する一般行事となっている。

江戸時代中期、宝暦年間成立とされる『松《まつ》山《やま》俚《り》人《じん》談《だん》』（愛媛県立図書館所蔵）に「年ノ暮ニ巳午ト云テ魂祭ヲスル也」とあるように、巳正月は四国という一地域で江戸時代以降に広まり、定着した正月、暮れの魂祭《たままつり》といえる。つまり死者祭祀の仏教専業化にともない、正月において死者祭祀を避けることが全国各地で見られるようになるが、それが日本列島のすべての地域で画一的に行われたのではなく、それぞれの地域の展開史が見られた可能性があり、四国の巳正月はその地域的展開例の一つといえるだろう(2)。

また東北地方から関東地方にかけては年の暮れや正月に、箕《み》の上に握り飯や餅、団子などを仏壇や床の間などに供える「みたまの飯」と呼ばれる習俗がある。これも正月の死者祭祀、暮れの魂祭の一種である。

この「みたまの飯」については後述するように『枕草子《まくらのそうし》』『徒然草《つれづれぐさ》』など平安時代から鎌倉時代の文献に見える御魂祭《みたままつり》と関連付けて語られることが多かった(3)。しかし結論を先に簡略に述べておくと、文献史料上の御魂祭は「亡き人」など直近(三年以内)の死者(新仏)の魂祭であり、先祖とは性格が異なっている。そして現在の東北地方から関東地方の「みたまの飯」は先祖を祀ることが主体であり、新仏を祀る事例は稀である。この違いは大きく、文献史料の「御魂」と、東北から関東地方の「みたま」とを同一習俗とし、連綿と平安時代から伝承されていると断定することはできない。柳田が提示した正月が先祖の霊を祀る日という説は、民俗事例から見ても、文献史料から見ても、これまで実証されてこなかった。少なくとも正月や年の暮れがもともと先祖祭の日であるというよりは、後述する和泉式部《いずみしきぶ》や曾禰好忠《そねのよしただ》の歌などによれば、より現実的な直近の死者の魂を祭る日であったと考える方が適当なのではないかとも考えられる。正月と死者に関する民俗事例や文献史料を安直に同一習俗と扱うのではなく、各時代ごと、各地域ごとに見ていく作業が今後必要である。それは盆についても同様であり、平安時代中期以前の古記録には七月一五日の家の先祖の霊に関係する記事は確認できず、盆が先祖祭の性格を帯びて墓参するようになるのは中世以降である(4)。

本稿では、今紹介したような、正月、盆と死者祭祀事例や文献史料を手がかりとして、日本列島の中での盆行事や葬送墓制の地域差を考える上で欠かすことのできない歴史情報をおさえ、民俗学における比較研究法の在り方の補論、可能性を少しでも提示できればと考えている。(5)

二　民俗伝承を歴史情報として読み解く

柳田國男の『先祖の話』以降、(6)日本各地の盆行事や葬送墓制《そうそうぼせい》に関する民俗については数多くの研究成果が積み重ねられてきたが、そこで研究視点として重要視されてきたのは、一つには、盆行事や葬送墓制に関する儀礼にて、送られたり迎えられたりする霊魂の存在であり、もう一つは死者に対するケガレ観念の在り方についてであった。この死者のケガレを忌避《きひ》する観念に関しては、民俗研究映像「盆行事とその地域差」の中でも紹介されていたように平安時代初期の文献史料の中でも確認することができる。ここでは、民俗伝承を素材として、歴史情報を読み解くための方法論の一つの事例として、死に対するケガレ観念について紹介しておきたい。ここで「民俗伝承を歴史情報として読み解く」と主張するのは、戦後民俗学において比較研究法が充分に検討されることなく、活用されてこなかった反省に起因するものであり、(7)柳田國男以降、これまで蓄積されてきた民俗事例の有効活用を進める上では、歴史情報が反映されているという視点が必要だと考えるからである。この点は、今回の民俗映像でも提示されており、関沢まゆみが盆行事の地域差などを事例として比較研究法の活用の可能性を追求しているが、[8]ここでは民俗伝承からの照射ではなく、文献史料からの逆照射の一例をあげておきたい。これは比較研究法において、歴史情報を導きだす上で、民俗学の立場だけではなく、文献史学の立場からも問題を追及するという双方向の立場が必要と考えるからである。

死のケガレを忌避することは、例えば『古事記《こじき》』上巻の禊祓《みそぎはらえ》と神々の化生の場面で、イザナギノミコトが妻イザナミノミコトを追って黄泉国《よみのくに》を訪問したものの、イザナミの死を目の当たりにして「吾は伊那志許米《いなしこめ》、志許米岐《しこめき》、穢《きたな》き国に到りて在り祁理《けり》。吾は御身の禊為む」と述べ、日向国の橘の檍原《あはきはら》にて禊祓している。[9]同じく『古事記』上巻の天若日子《あめのわかひこ》に関する場面で、天若日子の喪を弔いに訪れた友人の阿遅志貴高日子根神《あぢしきたかひこねのかみ》が、死者と容姿が似ているために父や妻に「我が君は死なずて坐し祁理」と勘違いされたが、阿遅志貴高日子根神は「我は愛しき友なれこそ弔い来つれ。何とかも吾を穢（きたな）き死人に比ぶる」と憤慨している。[10]友であるにも関わらず、死者を「穢」と認識しているのである。このように『古事記』の成立した奈良時代前期以前には、朝廷など為政者を中心とする集団において、死を「穢」とみなす観念が存在したことは確かである。

また、六国史《りっこくし》の一つである『日本後紀《にほんこうき》』延暦一六年（七九七）正月二五日条に「是日勅、山城国愛宕葛野郡人、毎有死者、便葬家側、積習為常、今接近京師、凶穢可避。宣告国郡、厳加禁断、若有犯違、移貫外国」とある。[11]これは長岡京から平安京に遷都された延暦一三年（七九四）の直後に桓武《かんむ》天皇から出された「勅」である。ここでも「死者」を埋葬することが「凶穢」と認識されている。この史料が興味深いのは為政者側（朝廷）と庶民の埋葬意識の差が垣間見えることである。山城国愛宕《おたき》郡、葛野《かどの》郡の庶民にとっては死者を「家側」に埋葬することが「積習《せきしゅう》」であり「常のごとし」と日常のことであった。ところが三年前からこの地に平安京が遷都、造営され、京が近いため「凶穢」を避けさせようとしている。これも『古事記』の記事から連なる死を「穢」とみなす史料といえる。ただし、古代から死に対するケガレ観念が朝廷など為政者（貴族社会）において時代を越えて連綿と続いているかといえば実はそうではない。

これまでの民俗学研究では、特に一九七〇～八〇年代にかけて分析概念としてハレとケに加えてケガレの用語が用いられてきたが、この用語と古代から現代までの各時代の文献史料に現れる「穢」との関係性について、充分に説明されることはなかった[12]。しかし、その後、民俗学においては穢とケガレについての歴史と民俗の双方からの追跡と分析が進められて、ケガレ（power of death）とカミ（power of life）とが対概念として設定され、ケガレからカミへというメカニズムの存在が提示された[13]。一方、歴史学においては分析概念としてのケガレを安易に方法として持ち込み、歴史学としての主体性が不充分であったこともあげられる[14]。ここで簡略ではあるが、古代の文献史料から「穢」の語を抽出、分析することで、穢概念の形成を中心に、穢の歴史的過程を紹介しておきたい。『古事記』『万葉《まんよう》集《しゅう》』、六国史の中にみえる「穢」の語を抽出し検討すると、次のことがわかる。平安時代初期の『日本後紀』以前、特に奈良時代において、「穢」の用例は、「凶穢」「穢悪」「汚穢」など、熟語として登場したり、「穢む」「穢す」など動詞として、「穢し」のように形容詞として登場したりし、その用例は多岐にわたっている。しかし「穢」が一文字の名詞として登場することはないのである。「ケガス」という動詞は存在しても、ケガレという日本語が一般化していない。これは穢観念がいまだ概念化されていないことを示しているのだろう。

「穢」という漢字が一文字の名詞として登場する初見は『続日本後紀《しょくにほんこうき》』承和三年（八三六）九月一一日条「遣左兵庫頭従五位上岡野王等於伊勢大神宮、申今月九日宮中有穢、神嘗幣帛、不得奉献之状」という記事である。[15] この時期以降、一文字の名詞の漢字「穢」は文献上に頻出するようになってくる。「穢」の一文字名詞の登場は、穢が貴族社会の間で、共通認識として概念化されたことを示している。さらに、貞観年間（八五九～七七）になると、穢の記述内容がより具体的になり「人死穢」（『日本三代実録《にほんさんだいじつろく》』貞観三年〈八六一〉四月一七日条初見）、「馬死穢」（『同』貞観四年六月一〇日条初見）、「犬死穢」（『同』貞観五年四月一三日条初見）、「犬産穢」（『同』貞観七年九月三日条初見）、「失火穢」（『同』貞観一五年三月三日条初見）のように[16]、「〇〇穢」という記事が頻出するようになり、穢の内容が具体化、細分化していることがわかる。それに加えて、『同』貞観一六年九月一〇日条などのように「此穢」「其穢」という記述も出てくるが、穢が「この」「その」といった明確に、より具体的に内容を指し示すようになっている。また穢が伝染するという記事についても、『日本三代実録』貞観一四年二月一五日条初見の「染穢」や、『同』貞観一六年八月二〇日初見の「穢気」の記述から、貞観年間後期頃に、伝染するものとして穢が明確に認識されるようになっていることがわかっている。

このように古代史料を時代順に眺めてみると、穢観念の変遷、展開をたどることができるが、この変遷の要因の一つとして、律令格式《りつりょうきゃくしき》、特に式などの制度上の問題があると考えられている。延長五年（九二七）成立の『延喜式《えんぎしき》』には穢忌条、触穢条など穢に関する次のような規定が存在する。穢忌条「凡触穢悪事応忌者、人死限卅日自葬日始計、産七日、六畜死五日、産三日鶏非忌限、其喫宍此官尋常忌之、但当祭事余司皆忌」や、弔喪条「凡弔喪、問病及到山作所、遭三七日法事者、雖身不穢、而当日不可参入内裏」、触穢条「凡甲処有穢、乙入其処謂著座下亦同、乙及同処人皆為穢、丙入乙処、只丙一身為穢、同処人不為穢、乙入丙処、人皆為穢、丁入丙処不為穢、其触死葬之人、雖非神事月、不得参著諸司幷諸衛陣及侍従所等」、失火条「凡触失火所者、当神事時忌七日」などである。[17]

これら諸条に関しては、『延喜式』以前の『弘仁式《こうにんしき》』『貞観式《じょうがんしき》』のどの段階で成立したのか不明な点が多いが、三橋正は『延喜式』穢規定の成立に触れ、『弘仁式』段階で穢忌条のみが成立し、その他の条文は『貞観式』において追加されたと指摘している。[18]

「穢」が一文字名詞で登場すること、つまり穢の概念の共有は、承和年間（八三四〜四八）以降であり、それ以前の『弘仁式』成立段階にはみられない。しかし、『弘仁式』において穢忌条という忌に関する規定が成立し、忌の対象が明確化したことは、穢が「忌をともなう現象」として概念化される契機となったと考えられる。

このように六国史の「穢」の記載と、式の穢規定を考察することにより穢概念の形成過程をたどってみると、弘仁年間（八一〇〜二四）までは漠然としていた「穢」は、『弘仁式』において忌に関する規定（穢忌条）が成立することにより、結果的に穢の概念が共有されることになる。これは承和年間以降に、穢が文献上、一文字名詞として登場し、頻出することからうかがえる。さらに貞観年間（八五九〜七七）までには、穢は人死、犬産など具体化、細分化し、ついには『弘仁式』による規定では対応できなくなり、『貞観式』において触穢条など新たな穢に関する条文が規定されることになる。この段階で制度、認識両次元において「触穢《しょくえ》」が成立したとみることができる。

このように平安時代初期から中期にかけてだけでも穢観念の変遷がみられ、「古代から現代の民俗事象までケガレ観念は連綿と続いている」とみなすことはできない。これまでの民俗学研究ではケガレの歴史的過程を充分に考慮してこなかったことは否めない。そして歴史学では民俗学が提示した学術用語ケガレを方法として持ち込み、歴史学としての主体性が充分でなかった面もある。日本古代において「穢」そのものにも歴史的変遷がみられ、民俗学においてケガレ論を構築していく上で、歴史学の立場で「穢」の歴史的過程、変遷を追究したり、把握したりする研究との協業は欠かせないといえる。

三　巳正月とみたまの飯

さて、本題の「祖霊」「みたま」の議論に入っていきたい。先述したが柳田國男は盆だけではなく正月も元来は同じ「先祖」を祀る期間であったとし、正月を避けて「仏の正月」をその前後に行い、正月から先祖祭の性格が失われたとし、[19]四国地方の巳正月行事を紹介した。[20]ここで巳正月での具体的な墓の設えについて紹介しておきたい。[21]巳正月では家族、親族が墓参し、墓前に柿などの木枝を二本立て、注連縄を張り、餅、みかんや干柿などを供える。注連縄は正月とは逆綯いのものを使うが、もともと巳正月飾りは自家で準備するものである。愛媛県内での事例で通常、注連飾りの足は七・五・三の三ヵ所の垂れであるが、巳正月飾りは実際の正月とは異なる本数としなければいけないという伝承があるところが多い。例えば西条《さいじょう》市大浜では、墓前に何の木でもよいが二本を突き刺し、注連飾りをする。注連飾りの足は左から二・二・四とする。また、西条市氷見では、注連飾りには御幣《ごへい》はつけずに、足は偶数とする。[22]八幡浜《やわたはま》市大島では、注連縄の足は四本とする。[23]瀬戸町川之浜（現・伊方町）では、門松の代わりに柿の木を立て、注連は正月とは逆綯いで、中央に藁一本を垂らす。[24]明浜《あけはま》町高山（現・西予市）では、正面からみて足は一・五・三とする。[25]北宇和郡御槇《みまき》村（現・宇和島市津島町）では、注連縄の足は五・五・三とする。[26]以上のように、足の本数は様々であるが、共通点としては、正月飾りが七・五・三の奇数なのでそれと異なる偶数とする場合が多いことである。また、奇数でも七・五・三とは異なる本数とするという特徴がある。そして、その墓前にて餅を藁火で炙り、死者の近親者二人が後ろ手に餅を持って包丁や鎌で切って墓参者に配って食べたりする。このように儀礼内容、特に墓の設えは正月を模しており、死者に対する正月行事が四国において発生、定着したのである（図2〜4）。

御魂祭に関する文献史料を確認してみると、例えば、平安時代中期の藤原道綱《ふじわらのみちつな》母の『蜻蛉日記《かげろうにっき》』天延二年（九七四）一二月には「暮れはつる日にはなりにけり（中略）みたまなどみるにも、れいのつきせぬことにおぼほれてぞ、はてにける。京のはてなれば、夜いたう更けてぞ、たたきくなるとぞ」とある[27]。たたき来るのは追儺《ついな》であって、夜に家の門を叩いているが、その史料中に「御魂（みたま）」が出てくる。また、『小右記《しょうゆうき》』長保元年（九九九）一二月には「廿九日、戊寅、御魂今年於染殿奉拝、入夜依例解除、但着服、不奉幣、子始刻許上儺」とか[28]、『同』寛

図2　巳正月の墓飾り（愛媛県砥部町）

図３　巳正月の餅を藁火で炙る（愛媛県西予市）

図４　巳正月の餅を鎌で切る（愛媛県西予市）

仁元年（一〇一七）一二月三〇日「入夜解除奉幣諸神、次拝御魂、皆是例事也、亥刻追儺」とあり[29]、解除（大祓）、御魂（みたま）を拝む、追儺の順で行われていることがわかるが、ここで注意されるのは、解除や追儺は頻繁に史料上に登場するものの、御魂を拝する記事は前後の年にはない点で、御《ご》霊《りょう》とは毎年祀るべき先祖の霊を意味するのではなく、その年に亡くなった者がいる場合に史料上、記事として登場した可能性がある。

次に『枕草子』四〇段の記事である。[30]「ゆずり葉の、いみじうふさやかにつやめき、茎はいとあかくきらきらしく見えたるこそ、あやしけれどもをかし。なべての月ごろには見えぬ物の、師走のつごもりのみ時めきて、亡き人のくひものに敷くにやとあはれなるに、また、よはひを延ぶる歯固めの具にももて使ひためるは」とあり、ここに出て来る「師走のつごもり」に「亡き人のくひもの（食物）」は重要で、「亡き人」とは家の先祖霊ではなく、遠くないうちに亡くなった者のことであり、大晦日に「くひもの」（供物、食物）を供えていたことがわかる。しかもそれにはユズリハを用いており、「亡き人のくひもの」だけではなく「よはひ（齢）を延ぶる」という「歯固め」にも用いられている。年取りの儀礼である正月の「歯固め」と大晦日の死者への食物の双方にユズリハが用いられている。これは大晦日から正月にかけての魂祭が著者の清少納言《せいしょうなごん》にとってもごく一般的に当時の貴族社会の中で行われていたことを示すといえる。

また、『後拾遺和歌集《ごしゅういわかしゅう》』（応徳三年〈一〇八六〉撰）「哀傷」和泉式部の歌に、「十二月つごもりの夜よみ侍りける。亡き人の来る夜と聞けど　君もなくわが住む宿や魂なしの里」とあり、[31]ここでも、「亡き人」「哀傷」「君もなく」から、遠い先祖の霊というより身近な死者のことを詠んでいるとみることができる。

次に『徒然草』（第一九段、鎌倉時代）であるが、次のような記述がある。[32]「追儺より四方拝につづくこそ面白けれ。晦日の夜、いたう闇きに、松（松明）どもともして、夜半すぐるまで、人の門たたき走りありきて、何事にかあらん、ことごとしくののしりて、足を空にまどふが、暁がたより、さすがに音なく成りぬるこそ、年の名残も心ぼそけれ、亡き人のくる夜とて、魂まつるわざは、この比《ころ》、都にはなきを、東の方には、なほする事にて有りしこそ、あはれなりしか」。ここにみえる「この比、都にはなきを、東の方には、なほする事」は、長野県から東北地方にかけての「みたまの飯」の分布域に共通して興味深いが、この点の追跡などは今後の課題となっている。

次に『後撰集《ごせんしゅう》』哀傷であるが、「妻のみまかりての年のしはすのつごもりの日ふることといひはべりけるに」として「亡き人の共にしかへる年ならは暮ゆく今日は嬉しからまし」とあり、(33) 師走（一二月）の晦日の夜に「亡き人」つまりこれは妻であるが、亡くなった直後の妻に逢うことができるのが嬉しいというのである。これも死者は妻という身近で死後時間の経過していない存在である。また、『詞華集《しかしゅう》』（冬　曾禰好忠）では、「暇なみかひなき身さへいそぐかなみ霊の冬とむべもいひけり」霊とあり、暇がなく忙しい年末を過ごし、「み霊の冬」は「みたま」の「冬」と「殖ゆ」との掛詞であり、亡き人の霊を冬に祀っていることがわかる。その直後に載せられた和歌が「霊まつる年の終りになりにけり今日にやまたもあはむとすらむ」である、(34) これら二首によって時期は「冬」「年の終り」であり、霊《たま》を祀り、そして死者と再会できると考えられていたことがわかる。

さて、霊を祀ることは年忌供養の時代的変遷と絡めて考えなければならない。圭室諦成によると、年忌供養の初見は、七七日（四十九日）が慶雲四年（七〇七）、百ヵ日が天武朱鳥元年（六八六）、一周忌が天平宝字元年（七五七）、三年忌が文治二年（一一八六）であると指摘されている。[35]『栄花物語《えいがものがたり》』巻第四に、正暦三年（九九二）、円融天皇の一周忌を「御はて」つまり「果てる」「終わり」の意味で用いられ[36]、同様の「御はて」の用例は『枕草子』にもみえる。[37]つまり死者祭祀は、平安時代末期までの平安貴族社会では一周忌で打ち切りであった。圭室によれば、三回忌、七回忌、十三回忌、三十三回忌は鎌倉時代以降に定着した死者祭祀である。先に紹介した藤原実資《ふじわらのさねすけ》の日記『小右記』には、長保元年（九九九）と寛仁元年（一〇一七）の一二月三〇日「夜に入って解除（大祓）、次に御魂を拝む、是は例事」とあり、暮れの魂祭が「例事」つまり恒例行事と解釈してきたが、一周忌で打ち切りとなると、やはりこれはその年の死者の御魂である可能性が高い。このように一〇世紀後半から一二世紀までの時期において、死者霊（みたま）を考える場合、いまだ三回忌の習俗も定着していない時期であることから、死者の霊の祭祀が直近の死者であり、「みたま」ということはできても、現代でいうところの「先祖」や「祖霊」とは性質が異なるのである。

なお、紙幅の都合で詳述はできないが、関東地方から近畿地方にかけて正月と死者祭祀に関して特徴的なことは、年末年始の墓参や年始の僧侶の回礼《かいれい》が関東地方から近畿地方には色濃くて、「みたまの飯」の分布する東北地方や、正月一六日の「仏の正月」の分布する中国地方、巳正月の分布する四国地方には少ないという地域差がみられる。これら仏の正月や巳正月という確立した習俗が存在する地域では、年末年始の墓参や年始の僧侶の回礼を必要とせず、特に中部地方から近畿地方にかけては、排除されたはずの仏教（寺院行事）が正月に「逆流」していると見て取れる事例が多い。このように、正月の魂祭（いわゆる祖霊、みたま）に関する民俗事例を列島で俯瞰《ふかん》すると、地域ごとの特徴が明確になってくる。これらは両墓制《りょうぼせい》の分布や盆行事の地域差とも絡んで、日本列島における地域ごとの葬送墓制の歴史的展開の結果の民俗分布として議論を進めるべきテーマであろう。

四　祖霊とみたま

「祖霊」の観念は日本人の間に抱懐《ほうかい》されているものであり、その解明は民俗学の重要な課題とされてきた。例えば『日本民俗大辞典』によると「ホトケと呼ぶ穢れた死者霊は、個性のあるものとして仏教の管轄下にあるが、子孫の供養を受けてやがて清められカミとなって個性を失い、祖霊すなわち祖先一般の集団霊としてのカミとなるという信仰がみられる（中略）霊（ホトケ）が清められ、没個性化して祖霊（カミ・先祖）に至るとするもので、その体系化は祖霊神学ともいわれる」とある(38)。柳田國男は『先祖の話』の中で「三種の精霊」について、第一の精霊として「家々の精霊」「先祖」をあげ、「定まって我家に祭るみたま」と解説している。そして第二に「荒忌のみたま」「新亡」を「過去一年の間に世を去った」ものと解説し、その各地の民俗語彙として「アラソンジョ」「ワカジャウロ）」「新精霊（ニヒジャウロ）」をあげている。そして第三に「外精霊（ほかじょうりょう）」「無縁様」「餓鬼」などがあげて、「ともかくも必ず家で祭らなければならぬみたまより他の霊」と解説している。[39]

そして、この先祖、新仏《しんぼとけ》、無縁という三種類の精霊は、盆行事に関する研究や正月の前後に行われる魂祭を研究する際の一つの指標とされてきた。一方、筆者は「祖霊」語彙の用例を検討してみたことがあるが、[40]柳田は「祖霊」の用語を積極的には用いたわけではなく、「精霊」も「新亡（新仏）」も「外精霊」も、もともと柳田は「みたま」の語を基本に用いて説明していることを指摘した。

この「三種の精霊」の項には「祖霊」の語が全く登場していない。『先祖の話』での主要語彙「みたま」が盆行事や盆棚に関する研究において「三種の精霊」は多くの研究者が用いる一つの指標になってきたが、その過程で「みたま」が「祖霊」に入れ替わっていったことが想定される。繰り返しになるが、柳田自身は、三種の内の一つを「祖霊」と明記していない点と、三種の精霊を「みたま」を基本語彙として説明していた点はここで注目しておくべきである。

それでは、「祖霊」はいつの時代から、どのように用いられていたのであろうか。民俗学研究所編『綜合日本民俗語彙』には「センゾ（先祖）」や「ミタマ（御魂・御霊）」は様々な民俗語彙が紹介されているが、「ソレイ（祖霊）」という民俗語彙は全く掲載されていない。[41]『日本国語大辞典』には「それい【祖霊】〔名〕一般に先祖の霊。日本では個々の死者の霊が、三十三年目などの弔上げを終わって個性を失い、祖霊一般に融合して霊質となったもの」と紹介されているが、[42]用例となる文献は古代中国の『後漢書《ごかんじょ》』袁紹伝があげられているだけで、日本の古語の用例は全く紹介されていない。これは江戸時代以前には「祖霊」が一般語彙ではなかったことを示している。なお、「祖霊」の類語である「祖先」の語は明治時代以降に定着したとされるが、『日本国語大辞典』によると古語としての用例は全く無いわけではない(43)。例えば『書言字考節用集』四に「祖先　ソセン　又云先烈」とあり、安政三年(一八五六)成立で平田篤胤《ひらたあつたね》門人の六人部是香《むとべよしか》著『産須那社古伝抄《うぶすなしゃこでんしょう》』に「氏々の祖先の神をも指て氏神とも云ひ」とあり、元治元年(一八六五)成立の『喪葬略《そうそうりやく》』にも同様の内容で記述されている。このように従来は、明治一五年(一八八二)頃に ancestor worship の訳語として定着したとされてきたが、その前史として幕末の神道関係の文献に頻繁に出てくるのである。

さて、「みたま」の民俗語彙の分布を列島の中で確認してみると、中部地方以東の東日本、特に東北地方に多いことが明確であり、そして中国地方以南、特に宮崎県、鹿児島県に散見され、列島の中央部に位置する近畿地方周辺では「みたま」の民俗語彙は稀少である(44)。

民俗語彙としての「みたま」が近畿地方周辺に少なく、中部地方以東の東日本、特に東北地方に多いのは、柳田國男『先祖の話』の「精霊とみたま」の項目で指摘されている「みたま」に該当する漢字の歴史性に関係すると推察できる(45)。柳田は「日本書紀の中にはみたまといふ言葉が幾つも見え、それにすべて御霊といふ文字が宛てられて居る。御霊は直訳であり恐らくは我邦での組合せであつた。(中略)ともかく寃癘殃を為すといふ推定の下に、新たに大きな法会が執行はれて御霊会と謂ひ、後に神を斎うて之を八所の御霊などなど唱へた。さうなると普通の最も平和なる先祖のみたまを、もう御霊とは書くことが出来なかつたのである。（中略）弘く一般に先祖を意味して居た『みたま』といふ古語には、それ以来もう適当な文字が無くなつたのである」とあるように、「みたま」は漢字ではもともと奈良時代以前には「御霊」と記されていたものが平安時代初期に御霊《ごりょう》という災いを為すマイナスイメージと相容れなくなり、「御霊」と「みたま」は分化しいったというのである。

古語としての「みたま」については『万葉集』巻一八、四〇九四に「皇御祖（すめろき）の御霊（みたま）助けて〈大伴家持〉(46)」や、『日本書紀』仲哀《ちゅうあい》天皇元年一一月「乃ち神霊（みたま）白鳥に化（な）りて」というように神の霊や死んでその魂が神になったものの尊称として使われている(47)。また、『万葉集』巻五、八八二「吾が主の御霊（みたま）賜ひて春さらば奈良の都に召上げ給はね〈山上憶良〉」とあるように(48)、「みたま」が死者霊ではなく、貴人から賜るべき一種の霊威として用いられる事例もある。これらは奈良時代以前の用例である。これが平安時代初期になり、御霊会が行われるようになる。御霊会の文献上での初見は『日本三代実録』貞観五年（八六三）五月壬午条であり、「於神泉苑修御霊会（中略）謂御霊者、崇道天皇、伊予親王、藤原夫人、及観察使、橘逸勢、文室宮田麻呂等是也。並坐事被誅、冤魂属、近代以来、疫病繁発、死亡甚衆、天下以為、此災、御霊之所生也」とあるように(49)、政争で失脚するなど恨みを残して非業の死をとげた者の霊を「御霊」と表記することが定着した時代といえる。これが「みたま」に「御霊」の漢字が当てられなくなった要因の一つとされる。これは歴史的には平安時代初期以降に起こったことであり、地域的には平安京において、そして集団層としては平安貴族社会の間でみられたことといえる。つまり、近畿地方に「みたま」の民俗語彙が少なく、東日本や中国、四国、九州に多くみられるという分布は、この歴史性が関係していると推察できる。

ところで、柳田國男の『先祖の話』の中で「みたま」が「弘く一般に先祖を意味して居た」とあるが、当時つまり平安時代初期以前の「先祖」とはどのような用法であったのだろうか。これは『日本民俗大辞典』の「先祖」の項によると「とおつおや・さきのおやと訓まれていたと考えられ、せんそ・せんぞの訓みが広く一般に用いられるようになったのは中世以降とされる」と紹介されている(50)。「とおつおや」は漢字で表記すれば「遠つ親」、「さきのおや」は「先の親」であり、家の先祖代々を示すより、そう遠くはない前世代を意味しているといえる。『続日本紀《しょくにほんぎ》』霊亀元年（七一五）一〇月丁丑条に「先祖以来、貢献昆布、常採此地」とあり(51)、『大日本古文書（編年文書）』に所収されている天平一九年（七四七）「大安寺伽藍縁起幷流記資材帳」の中に「是則大安寺邑出生人也、其先祖累代八幡宮依神職」とあり(52)、「先祖累代」の用法がみられるものの「先祖の霊」を「祀る」といった事例はみられない。『源氏物語』若菜上には「かのせんそのおとどは、いとかしこくありがたき心ざしを尽くして」とあり(53)、奈良時代にすでに「先祖」の語はみられ、平安時代には「せんそ」と確実に読まれている。そして中世においても『日葡辞書』に「Xenso（センソ）、Xenzo（センゾ）」とあるように

この読み方が定着している。(54)

さて、「みたま」の議論に戻ってみたい。「みたま」に対していつから供物を捧げたり、祭りをしたりしはじめたのかを文献で確認してみたい。柳田は『先祖の話』の中で藤原清輔《ふじわらのきよすけ》が天治元年（一一二四）から天養元年（一一四四）頃に著した歌論『奥儀抄《おうぎしょう》』の「下人はみたま祭とぞ申す。公家には荷前の祭といふ」の一文を紹介している。(55)ここからは荷前を奉るために朝廷から諸陵墓などに派遣される勅使である荷前使との関連が考えられる。つまり陵墓との関連、それは死の穢観念である。『奥儀抄』にあるように平安貴族には「荷前の祭」、下人つまり貴族以外の層では「みたま」が用いられていた。ここからは史料の時代差だけではなく、階層差、そして地域差を垣間みることができる。つまり一二世紀前半という時代、平安貴族とそれ以外、そして『奥儀抄』が記された京都という地域という情報を得ることができる。しかし、それが現在のように先祖供養の時期である盆（盂蘭盆《うらぼん》）に行われているかどうかを示す史料はもう少し時代が下がってくる。盂蘭盆に「みたま」と供物に関わる史料として文永一二年（一二七五）成立の『名語記《みょうごき》』巻第八があり、(56)「盂蘭盆ニ亡者ノタメニソナフル饌ヲミタマトナツク如何（中略）御玉御魂ナトカ、ムハシカルヘシ」とあり、「御玉」「御魂」つまり「みたま」と呼ばれており、ここでは「先祖」ではなく「亡者」への供物を「みたま」とも呼んでいる。このように、死者霊を「みたま」と称する事例と、死者霊に対しての供物を「みたま」と称す場合があり、これは現代における東北地方の「みたまの飯」の習俗と共通している部分があり、興味深い点である。

なお、「みたま」に関連する民俗語彙として「いきみたま（生見玉・生御魂）」がある。両親が揃った者が盆に親をもてなす、その贈り物を指すが、この習俗は永享一三年（一四四一）『建内記《けんないき》』や、文明八年（一四七六）『親長卿記《ちかながきょうき》』にもみえるものであり、この習俗が成立する典拠となるのは盂蘭盆経に「願使、現在父母、寿命百年、無病無一切苦悩之患」とあり、これにもとづいている。「いきみたま」の語彙の成立には、当然、死者霊としての「みたま」の存在が前提となってくる。間接的証左ながら、死者霊としての「みたま」の事例の一つといえるだろう。なお、「あらみたま（新霊）」という民俗語彙もあるが、新しい死者霊の意味と、荒々しい神威の「荒魂」の意味の二つがあるが、中世以前の文献史料を確認しても、新仏を意味する「あらみたま」の用例は確認することができない。これはもともと平安時代、鎌倉時代以前には「みたま」が直近の死者霊を指しているので、わざわざ「あらみたま」と表現する必要がなかったと思われる。つまり盂蘭盆での先祖祭祀が定着した室町時代以降の新しい語彙ではないかと推察できる。

以上、本論では四国の巳正月の習俗、東北地方に伝承されているみたまの飯の習俗など正月行事の民俗伝承を例に、それらが文献史料にどのように記述されているかを具体的に紹介しながら、民俗資料を歴史学の資料情報とあわせて分析することの有効性を示してみた。民俗伝承は歴史を反映している。その分析においては、分析概念の明確化が重要なことも、柳田が用いてきた「みたま」とその後の研究状況の中で用いられるようになった「祖霊」との違いについて述べたように、分析概念の提示の上での明確化が重要であることをあらためて指摘した。

註

（1）柳田國男「先祖の話」一九四六年（『柳田國男全集』一三、ちくま文庫、一九九〇年）。

（2）拙稿「『巳正月』研究の論点と課題」（『四国民俗』三二号、四国民俗学会、一九九九年）。

（3）例えば、五来重『宗教歳時史』一九八二年（『五来重著作集』第八巻、法蔵館、二〇〇八年）など。「みたまの飯」については小野寺正人「宮城県北東部の『ミタマ』の風習について」（『日本民俗学』七〇号、一九七〇年）、田中久夫「みたまのめし―大正月の祖先祭祀―」（『祖先祭祀の研究』弘文堂、一九七八年）、同「みたまの飯―祖先祭祀と収穫祭の間―」（『年中行事と民間信仰』弘文堂、一九八五年）に詳しい。

（4）田中久夫『祖先祭祀の研究』（弘文堂、一九七八年）、新谷尚紀「盆」（新谷尚紀・波平恵美子・湯川洋司編『暮らしの中の民俗学2　一年』吉川弘文館、二〇〇三年）。

（5）比較研究法に関する方法論についての最近の成果に、関沢まゆみ「『戦後民俗学の認識論批判』と比較研究法の可能性―盆行事の地域差とその意味の解読への試み―」（『国立歴史民俗博物館研究報告』第一七八集、二〇一三年）がある。

（6）註（1）に同じ。

（7）戦後民俗学が実践してきた地域研究法と同時並行的に比較研究法を活用することで日本民俗学の独自性が発揮できることを主張した成果に、新谷尚紀『柳田民俗学の継承と発展』（吉川弘文館、二〇〇五年）、関沢まゆみ（註（5）に同じ）などがある。

（8）註（5）に同じ。
（9）『日本古典文学大系一　古事記 祝詞』（岩波書店、一九五八年）。
（10）註（9）に同じ。
（11）『新訂増補国史大系　日本後紀』（吉川弘文館、一九七〇年）。
（12）桜井徳太郎「結衆の原点」（鶴見和子、市井三郎編『思想の冒険』〈筑摩書房、一九七四年〉）、桜井徳太郎、谷川健一、坪井洋文、宮田登、波平恵美子『共同討議　ハレ・ケ・ケガレ』（青土社、一九八四年）、波平恵美子『ケガレの構造』（青土社、一九八四年）、同『ケガレ』（東京堂出版、一九八五年）などがある。
（13）新谷尚紀『ケガレからカミへ』（木耳社、一九八七年）、同「ケガレの構造」（『岩波講座　日本の思想』第六巻、岩波書店、二〇一三年）。
（14）拙著『触穢の成立―日本古代における「穢」観念の変遷―』（創風社出版、二〇一三年）。
（15）『新訂増補国史大系　続日本後紀』（吉川弘文館、一九七八年）。
（16）『新訂増補国史大系　日本三代実録』前篇、後篇（吉川弘文館、一九八一年）。
（17）『新訂増補国史大系　延喜式』前篇（吉川弘文館、一九七二年）。
（18）三橋正『日本古代神祇制度の形成と展開』（法蔵館、二〇一〇年）。
（19）註（1）に同じ。
（20）註（2）に同じ。
（21）拙稿「死者の正月―巳正月の現代的変容と墓の設え―」（『民具マンスリー』第四四巻七号、二〇一一年）。
（22）西条市編『西条市生活文化誌』（西条市、一九九一年）。
（23）一九九五年、筆者調査。
（24）『三崎半島地域民俗資料調査報告書』（愛媛県教育委員会、一九七一年）。

(25) 二〇一〇年、筆者調査。
(26) 柳田國男『葬送習俗語彙』復刻版(国書刊行会、一九七五年。初版は岩波書店、一九三七年)。
(27) 『日本古典文学大系二〇 土左日記 かげろふ日記 和泉式部日記 更級日記』(岩波書店、一九五七年)。
(28) 東京大学史料編纂所編『大日本古記録 小右記二』(岩波書店、一九六一年)。
(29) 東京大学史料編纂所編『大日本古記録 小右記四』(岩波書店、一九六七年)。
(30) 『日本古典文学大系一九 枕草子』(岩波書店、一九五八年)。
(31) 「和泉式部集」(『日本古典文学大系八〇 平安鎌倉私家集』岩波書店、一九八八年)。
(32) 『日本古典文学全集三九 方丈記 徒然草』(小学館、一九八九年)。
(33) 『新日本古典文学大系六 後撰和歌集』(岩波書店、一九九〇年)。
(34) 「好忠集」(註(31)に同じ)。
(35) 圭室諦成『葬式仏教』(大法輪閣、一九六三年)。
(36) 『日本古典文学大系七五 栄花物語上』(岩波書店、一九六四年)、平安貴族の社会で一周忌を御果てとして死者供養を完了することは、新谷尚紀『日本人の葬儀』(紀伊國屋書店、一九九二年)が指摘している。
(37) 『日本古典文学大系一九 枕草子』(岩波書店、一九五八年)。
(38) 福田アジオ、新谷尚紀、湯川洋司、神田より子、中込睦子、渡邊欣雄編『日本民俗大辞典上』(吉川弘文館、一九九九年)。
(39) 拙稿「魂祭の歴史と民俗」(『国立歴史民俗博物館研究報告』第一九一集、二〇一五年)。
(40) 註(1)に同じ。
(41) 民俗学研究所編、柳田國男監修『綜合日本民俗語彙』第一~五巻(平凡社、一九五五~五六年)。
(42) 日本大辞典刊行会編『日本国語大辞典』一二巻(小学館、一九七四年)。

(43) 註(41)に同じ。および『神道大系論説編二七　諸家神道上』(神道大系編纂会、一九八八年)。
(44) 註(39)に同じ。
(45) 註(41)に同じ。
(46) 『日本古典文学大系七　万葉集四』(岩波書店、一九六二年)。
(47) 『日本古典文学大系六七　日本書紀上』(岩波書店、一九六七年)。
(48) 『日本古典文学大系五　万葉集二』(岩波書店、一九五九年)。
(49) 註(15)に同じ。
(50) 註(37)に同じ。
(51) 『新訂増補国史大系　続日本紀』前篇(吉川弘文館、一九六八年)。
(52) 東京大学史料編纂所編『大日本古文書　編年之二』(東京大学出版会、一九六八年)。
(53) 『日本古典文学大系一六　源氏物語三』若菜上(岩波書店、一九六一年)。
(54) 土井忠生解題『日葡辞書』(岩波書店、一九六〇年)。
(55) 註(1)に同じ。
(56) 北野克写、田山方南校閲『名語記』(勉誠社、一九八三年)。

葬法と衛生観念
――山形県内の事例を参考にみる移り変り――

小田島建己

一　火葬をめぐる行政と衛生

1　火葬一〇〇パーセントの現代日本

今日の日本において火葬が「普通」であるということには論を俟たないであろう。多くの墓地で、整然と並んだ区画に、「〇〇家先祖代々之墓」のような銘が刻まれた墓石が建てられている光景を頻繁に目にする。このような家ごとの墓（いわゆる「家墓《いえばか》」）には、石塔の下に、「カロウト」（「カロート」「唐櫃《かろうど》」）と呼ばれる納骨のためのスペースが備えられ、そこに、火葬場において焼却処理された死体である遺骨や遺灰が納められる。一つの墓が「先祖代々」の墓になるためには、そこに先祖代々の（つまり複数の）死体を葬ることが前提となっている。「先祖代々之墓」の成立には、単独の墓に複数の死体を葬ることを可能にするため、火葬という死体処理を行う必要がある。裏を返せば、火葬が普及した今日であるからこそ、家墓が一般的な墓の形態として採択されているともいえる。現行法である「墓地、埋葬等に関する法律」は一九四八年（昭和二三）五月三一日に公布され、同年六月一日から施行されているが、この法律において、「墳墓《ふんぼ》」は「死体を埋葬し、又は焼骨を埋蔵する施設」と規定されている（第二条第四項）。ここでいう「墳墓」とは一般的には「墓」と呼ばれるものであり、「火葬」された遺骨（「焼骨」）を墓に納めることは、法律上「埋葬」ではなく、「埋蔵」という。「火葬」とは「死体を葬るために、これを焼くこと」である（第二条第二項）。この法律では、「埋葬」は死体を「土中に葬ること」と定められており（第二条第一項）、日常的には「土葬」と呼び習わされている行為と同義である[1]。要するに、死体を墓に葬るには、火葬した焼骨を埋蔵する方法と、火葬しないままの死体を埋葬する方法が、法的には示されていることになる。なお、この法律名や条文、またその構成などから、この法律が公布・施行された一九四八年当時は、埋葬が主要な葬法であったかのようにも思える。しかし、実のところ、当時はすでに火葬が埋葬の件数を上回っていた。従来は主流であった埋葬に火葬が取って代わろうとしていたその時代に、この法律は施行されたのである。そして、やがて葬法はほぼ火葬のみとなるまでに状況は変化していく。

　厚生労働省による都道府県・指定都市・中核市における衛生行政についての統計調査である『衛生行政報告例』の二〇一三年度（平成二五）の数値（二〇一四年一〇月三〇日公表）では、日本全国で火葬と埋葬（土葬）を合わせて一三二万五一四四件あったが、そのうち、火葬が一三二万四七六六件（約九九・九七％）であった。その一方、埋葬はわずかに三七八件（約〇・〇三％）あるのみで、死体を葬る方法の選択に極めて顕著な偏りが表れていることがわかる。埋葬の件数はゼロではないものの、火葬に比べると明らかに微少である。今日の日本社会では、葬りの手法として火葬が一〇〇％を占めているといっても過言ではないのが現状である。

今日では「普通」のこととして受け入れられている火葬ではあるが、近代以降の日本における火葬の歴史を顧みると、必ずしも「普通」ではなかった時期があることも窺える。また、火葬に持たれるイメージも一定ではなく、時代とともに大きく変化してきたことも指摘できる。そして、こうした火葬の一般化とイメージの変化に伴って、葬送儀礼の現場にもいくばくかの変化が生じてきたことも指摘できる。

2　火葬の禁止と解禁

日本における火葬の受容は、古代まで遡ることができる。大宝三年（七〇三）に持統《じとう》天皇が火葬され、続いて、文武《もんむ》天皇・元明《げんめい》天皇・元正《げんしょう》天皇の三代の天皇も火葬されている。この天皇火葬に表されるような天皇・貴族や僧侶などの層に受容された仏教式の火葬の他に、「養老令《ようろうりょう》」の軍防令や賦役令にみられるように、行軍や赴任中の死者の死屍を処理する行政上・衛生上の火葬があったことも指摘されている(2)。なおかつ、仏教に感化され、受容されたとみなされる火葬にも、あたかも仏教葬であるかのような側面がある一方、薄葬《はくそう》を促進する側面もあったことが指摘されている(3)。

こうした火葬は、近代に入り大きな転換期を迎えることとなった。「王政復古《おうせいふっこ》」により、幕府が統治する江戸時代が終り、近代化を目指した明治の幕開けのころ、日本では火葬がいったん禁止されている。火葬に伴って必然的に発生する煙や臭いが人体に悪影響を及ぼすと危惧した警保寮が、一八七三年（明治六）五月二三日に火葬場の設置についての意見を司法省に求めたことによって、火葬禁止の端緒が開かれたのである(4)。とはいえ、警保寮の伺いは火葬そのものの是非についてではなく、その煙と臭いが「不潔」であり、そのため「人身ノ健康ヲ害スル」ことを懸念し、火葬の場所を規定する必要について検討を求めるものであった。しかし、この伺いを受けた司法省が太政官に火葬場所の評議を求めることとした結果、太政官の庶務課が出した返答において、火葬は「浮屠《ふと》」の「教法」であり、「野蛮ノ陋体ヲ存シ」ているものと言明されることとなる。火葬場の設置場所云々といった問題ではなく、むしろ火葬そのものを禁止するべきであるという回答が提示されることになったのである。この見解に宗教の管理を担当する教部省も同意し、結果として、一八七三年七月一八日に出された太政官布告第二五三号において、「火葬ノ儀自今禁止」と定められたのである。火葬の場所に意見を求めた警保寮の伺いから僅か二ヵ月足らずで、火葬禁止へと至ったのである。そもそもは健康に関して端を発した火葬の議論が、「浮屠」の「教法」（仏陀の教え、仏教）であり、「野蛮」であるという思想的問題にすりかえられ、禁止へと至る背景には、当時の「廃仏毀釈《はいぶつきしゃく》」や「王政復古」という世相からの影響を垣間見ることもできる。

ところで、火葬禁止の裏側には国家が管理する神道の優位性を支持しようとする思惑が当然ながらあったであろうが、近世の日本においても、火葬は儒者により批判されていた。もともとは仏僧であり後に還俗した儒者の安井真祐《やすいさねすけ》は『非火葬論』を貞享二年（一六八五）に著すが、その論は、明治政府による火葬批判と同様に、仏教批判と不可分のものであった(5)。真祐は、父母の死屍を火葬することはその遺体を粗雑に扱うことであり、よって、孝心に反することであるとみなしていた。この孝心である父母への愛敬を妄想として退ける仏教に支えられ、日本では火葬が受容されてきたと真祐は考えていた(6)。このような思想的立場から、近世期には儒者によって仏教批判・火葬批判が展開されていた。

さて、明治初年に禁止された火葬ではあるが、その禁止は長続きせず、禁止の布告からおよそ二年後の一八七五年（明治八）五月二三日に、「火葬禁止ノ布告ハ自今廃シ候」と告げる太政官布告第八九号が出された。奇しくも、警保寮の伺いからはちょうど二年後のことであった。なお、火葬解禁の要因として、日本に特有ともいえる土地不足の問題と、併せて、欧米では火葬が盛んに採択されているという理解もあったようである(7)。いずれにしても、政治思想的思惑から火葬はいったん禁じられたものの、火葬の禁止と社会の実態とには齟齬《そご》があったことが、この短期間の禁止解除に表れている。ちなみに、一九一四年（大正三）に内務省衛生局により刊行された『衛生叢書』第四輯に掲載された

「火葬ニ関スル調査書」は、火葬の禁止と解禁について、「明治ノ初年現政府ニ於テモ亦一時火葬反対論者ニ同意セシカ直ニ之カ禁ヲ解除セリ」と述べている(8)。なお、ここで言及されている「火葬反対論者」とは、主に、死体を「焚焼シテ其肢体膚肉ヲ灰燼ト為ス」火葬を、「惨酷ナル処置」であり、かつ「野蛮的習俗」であると捉える「儒教ノ孝悌忠信主義」のことである。そこに、近世前期に提示された『非火葬論』ともつながる思想的脈絡を見て取ることができる。

3　火葬をめぐる不潔感と衛生観

火葬の禁止と解禁の理由が何であったにせよ、この一連の動きによって、葬法は行政が指導するものという基盤が形成されることになり、後にコレラが日本国内で流行する時にも行政による葬法の指示は、衛生という観念から継続して行われることになる。そして、火葬解禁の翌月、一八七五年（明治八）六月二四日に、「焼場《やきば》」（火葬場）について、内務省が達しを出すことになる。それまで「不潔」とみなし、さらには「浮屠の教法」として禁止していた火葬を公的に認めるからには、その場所や手法についての公的な規定を示す必要が生じることはやむを得ないことである。この内務省達乙第八〇号は、「東京府下ハ朱引地外」に、また「其他ノ地方ハ市街村落ノ外」に、焼場を設けることを指示している。また、その設備については、「焼場ノ臭煙ハ人ノ健康ヲ害セサル様専ラ注意シ火炉烟筒及ヒ墻壁等ノ如キ適宜ノ方法ヲ可設事」を指示している。火葬が禁止されるきっかけとなった警保寮による伺いも、そもそもは、火葬の煙と臭いによる健康被害を懸念して、その設置場所を問うものであった。火葬禁止という過程を経ながら、結果として、伺いから二年後にしかるべき返答がなされたことになる。焼場の場所を朱引地の外や市街・村落の外といった生活空間の外側に指定し、また、「健康ヲ害セサル様」に烟筒《えんとう》・墻壁《しょうへき》の設置を指示していることなどから、解禁されても火葬は依然として「不潔」で好ましくないものと考えられていたことが透けて見える。

このような「不潔」な火葬観と並行して、「衛生」的な火葬観も、コレラの流行に伴って形成されることになる。明治初期の日本におけるコレラの流行は一八七七年（明治一〇）以降、一八七九年（明治一二）、一八八二年（明治一五）、一八八六年（明治一九）、一八九〇年（明治二三）、一八九五年（明治二八）と断続的に頻発していく。明治政府はコレラや他の伝染病（感染症）の予防を企図して、数度、「心得」や「規則」を公布している。

伝染病予防のための通達で皮切りとなる「虎列刺病予防法心得」は一八七七年（明治一〇）八月二七日付の内務省達乙第七九号において示された。この心得は、コレラで死亡した者の死体の埋葬については、「定メタル埋葬地ニ非サレハ他ニ運送スルヲ許サス」とのみ定めている。なお、死体の処理については、「石炭酸溶液」と「石炭酸末」をもって消毒するように指示している。ついで、一八七九年（明治一二）六月二七日の太政官布告第二三号により提示された「虎列刺病予防仮規則」では、コレラで死亡した者の死体は、「可成速ニ一定ノ場所ニ於テ火葬或埋葬スヘシ」と指示され、かつ、

「但火葬シタル遺骨ハ改葬スルモ妨ケナシト雖モ埋葬ハ深ク之ヲ埋メ決シテ改葬スルヲ許サス」と示された。その二年前の「心得」では埋葬地について言及されるのみであったが、この「仮規則」では、火葬という選択肢に触れられている。さらには、埋葬の場合は「決シテ改葬スルヲ許サス」と定めているのに対し、火葬であれば「改葬スルモ妨ケナシ」と定めていることからは、衛生面での火葬の優位性が当時すでに意識されていたことを読み取ることができよう。さらに、この「仮規則」は、およそ二ヵ月後の一八七九年八月二五日に出された太政官布告第三二号により改正されるが、そこでもやはり、「火葬シタル遺骨ハ改葬スルモ妨ケナシト雖モ埋葬ハ深ク之ヲ埋メ決シテ再ヒ改葬スルヲ許サス」と定められている。繰り返しになるが、コレラに関しては、火葬が埋葬に比してより衛生的であるという明確な認識が、当時すでに持たれていたことが理解できる。

さらに、一八八〇年（明治一三）七月九日の太政官布告第三四号により、先の「虎列刺病予防仮規則」が廃され、新たに「伝染病予防規則」が示された。この「規則」は、コレラの他、腸チフス・赤《せき》痢《り》・ジフテリア・発疹《ほっしん》チフス・痘瘡《とうそう》（天然痘《てんねんとう》）も対象にした規則であった。この規則では、コレラによって死亡した者の死体は、「其埋葬地ヲ区劃シ濫リニ雑葬セシムヘカラス且ツ他ニ改葬スルヲ許サス」と定められている。その一方、火葬については、やはり、「尋常ノ焼場ニ於テシ其遺骨ハ改葬スルモ妨ナシ」と定められている。なお、コレラの他、発疹チフスと痘瘡の死者の死体についても同条を適用することを定めている（腸チフス・赤痢・ジフテリアについては死体処理については指示されていない)。そして同年九月一〇日には、「伝染病予防法心得書」が「伝染病予防規則」の布告に併わせ、内務省達乙第三六号によって通達された。この「心得書」が対象にした「伝染病」(感染症)も「伝染病予防規則」と同様、コレラ・腸チフス・赤痢・ジフテリア・発疹チフス・痘瘡の六病であった。この心得書は、コレラについては、その死体は「医師確認ノ後速ニ火葬セシムヘシ」と定めている。また、「火葬場ナキ地方ハ人家ニ離レタル所」では、「簡易ノ火葬場ヲ設ケテ」火葬を行うように指示している。つまり、この時点において、コレラによる死亡者の死体処理法は火葬のみであり、もはや埋葬は選択肢として考慮されないものとなっているのである。なお、他の伝染病について、腸チフスの場合は「死体ハ速ニ棺内ニ斂メシムヘシ」とされているが、火葬・埋葬については触れられていない。赤痢の場合は「此患者ノ死体ハ最モ腐敗シ易キヲ以テ速ニ棺内ニ斂メ且ツ成タケ速ニ之ヲ火葬若クハ埋葬セシムヘシ」とされている。死体腐敗の懸念から速やかな対処を求めているものの、埋葬は否定されていない。一方で、ジフテリアの場合は「死体ハ医師確認ノ後速ニ棺内ニ斂メシムヘシ」とされ、「死体ハ成タケ火葬スルヲ良トス」と付け加えられている。また、発疹チフスの場合も「死体ハ成タケ之ヲ火葬スルヲ良トス」とされている。痘瘡の場合もやはり「死体ハ成タケ火葬セシムルヲ良トス」とされ、さらに、「埋葬シタルモノハ其病毒数十年ヲ経ルモ消滅セサルモノトス」と追記されている。このように、感染力を斟酌《しんしゃく》してのことであろうが、火葬が必要とされる伝染病と、埋葬も可能な伝染病が区分されている。一八七三年(明治六)にいったんは禁止された火葬であるが、伝染病の流行により、衛生面では再評価される結果となったのである。

このように、衛生的に埋葬に比して優位とされる一方、火葬には煙や臭いによる不潔感も併存してきた。この点を、森林太郎（森鷗外《おうがい》）は次のように的確に指摘している。

屍骸はそのままで土へ葬つても、世俗の恐れるほど、健康を害するものではないが、直ぐに煙にしてしまうて、灰を埋めるほど清潔なことはない。唯此煙が臭を放つ為に、人に嫌はれるが、火葬の法を改良すれば、くさくない瓦斯を発生するように焼くこともでき、又たとひ臭があつても、屍骸の煙は魚を焼く煙と同じことで、少しも毒にならぬ。しかしこれは屍骸のにほいだと思うて嫌ふ為に、自然深い呼吸をせずに、用心するやうなことがあつて、多少健康の害にならないでもない(9)。

二　火葬をめぐる葬制と墓制

1　火葬の台頭

近世期には儒者によって反対され、明治初年には政府によっても一時禁止された火葬ではあるが、コレラの流行に伴い衛生的には有用ともみなされるようになった。結果、徐々にではあるが、火葬率は増加し、やがては埋葬を凌駕《りようが》するようになる。

明治後期には全体の三割ほどであった火葬の件数は緩やかに増加していき、大正年間には四割を超

表１　埋葬と火葬の件数の変化

西暦（和暦）	総　数	埋	葬	火	葬
1905(明治38)	1,062,625	714,276	67.22%	348,349	32.78%
1906(明治39)	1,011,396	683,879	67.62%	327,517	32.38%
1907(明治40)	1,081,057	719,095	66.52%	361,962	33.48%
1908(明治41)	1,094,305	717,004	65.52%	377,301	34.48%
1909(明治42)	1,157,712	755,383	65.25%	402,329	34.75%
1913(大正 2)	1,098,480	752,517	68.51%	345,963	31.49%
1914(大正 3)	1,165,685	766,616	65.77%	399,069	34.23%
1915(大正 4)	1,179,178	752,627	63.83%	426,551	36.17%
1916(大正 5)	1,256,010	799,822	63.68%	456,188	36.32%
1917(大正 6)	1,276,709	807,497	63.25%	469,212	36.75%
1918(大正 7)	1,527,096	954,937	62.53%	572,159	37.47%
1919(大正 8)	1,352,596	825,323	61.02%	527,273	38.98%
1920(大正 9)	1,483,123	877,917	59.19%	605,206	40.81%
1921(大正10)	1,364,907	811,055	59.42%	553,852	40.58%
1922(大正11)	1,318,364	772,295	58.58%	546,069	41.42%
1923(大正12)	1,383,658	796,515	57.57%	587,143	42.43%
1924(大正13)	1,327,270	767,635	57.84%	559,635	42.16%
1925(大正14)	1,278,521	726,683	56.84%	551,838	43.16%
1926(大正15)	1,221,989	683,972	55.97%	538,017	44.03%
1927(昭和 2)	1,273,307	693,307	54.45%	580,000	45.55%
1928(昭和 3)	1,310,239	703,708	53.71%	606,531	46.29%
1929(昭和 4)	1,333,564	711,072	53.32%	622,492	46.68%
1930(昭和 5)	1,255,406	662,354	52.76%	593,052	47.24%
1931(昭和 6)	1,311,601	675,793	51.52%	635,808	48.48%
1932(昭和 7)	1,255,050	648,981	51.71%	606,069	48.29%
1933(昭和 8)	1,284,796	645,535	50.24%	639,261	49.76%
1934(昭和 9)	1,337,335	646,845	48.37%	690,490	51.63%
1935(昭和10)	1,284,215	625,968	48.74%	658,247	51.26%
1936(昭和11)	1,343,675	645,993	48.08%	697,682	51.92%
1937(昭和12)	1,315,493	608,329	46.24%	707,164	53.76%
1938(昭和13)	1,370,315	633,486	46.23%	736,829	53.77%
1939(昭和14)	1,379,522	615,250	44.60%	764,272	55.40%
1940(昭和15)	1,309,783	579,689	44.26%	730,094	55.74%
1947(昭和22)	1,216,481	561,562	46.16%	654,919	53.84%
1948(昭和23)	1,070,605	509,574	47.60%	561,031	52.40%
1949(昭和24)	1,104,562	529,784	47.96%	574,778	52.04%

西暦（和暦）	総　　数	埋	葬	火	葬
1950（昭和25）	1, 128, 716	520, 903	46. 15%	607, 813	53. 85%
1951（昭和26）	1, 047, 709	475, 131	45. 35%	572, 578	54. 65%
1952（昭和27）	951, 459	424, 382	44. 60%	527, 077	55. 40%
1961（昭和36）	840, 222	288, 585	34. 35%	551, 637	65. 65%
1962（昭和37）	860, 307	280, 596	32. 62%	579, 711	67. 38%
1972（昭和47）	813, 147	145, 182	17. 85%	667, 965	82. 15%
1973（昭和48）	836, 364	135, 369	16. 19%	700, 995	83. 81%
1974（昭和49）	829, 631	130, 023	15. 67%	699, 608	84. 33%
1977（昭和52）	787, 795	91, 509	11. 62%	696, 286	88. 38%
1978（昭和53）	790, 137	83, 222	10. 53%	706, 915	89. 47%
1979（昭和54）	788, 579	78, 265	9. 92%	710, 314	90. 08%
1980（昭和55）	809, 613	72, 365	8. 94%	737, 248	91. 06%
1981（昭和56）	813, 148	65, 692	8. 08%	747, 456	91. 92%
1982（昭和57）	796, 955	58, 639	7. 36%	738, 316	92. 64%
1983（昭和58）	819, 866	54, 126	6. 60%	765, 740	93. 40%
1985（昭和60）	832, 956	45, 606	5. 48%	787, 350	94. 52%

註　『衛生局年報』『衛生年報』『衛生業務報告』等により，小田島作成⑩.
なお，埋葬・火葬の員数を確認できていない年は表では省略している．

えるようになり、そして昭和の初期に五割を占めた後も、火葬率は伸び続ける（表1）。明治後期から昭和中期までの約五〇年間に火葬率はおよそ二〇％増加し、埋葬と並ぶようになった。その後の二〇年間で、さらに二〇％ほど数値を伸ばし、一九五二年（昭和二七）には五五・四〇％であった火葬件数は、一九六二年（昭和三七）には六七・三八％、そして一九七二年（昭和四七）には八二・一五％にまで増加している。さらに、昭和五十年代になると火葬率は九〇％を超え、一九八二年（昭和五七）の火葬率は九二・六四％となっている。こうしてみると、近代化の中で次第に増加した火葬ではあるが、高度経済成長に重なるように次第に葬法が火葬へと一本化し始め、一九八〇年代には火葬が「普通」になり、それまで併用されてきた埋葬がもはや選択肢ではなくなったことがわかる。

2　時沢の葬法と墓地の移り変り

一九九九年（平成一一）に国立歴史民俗博物館から四冊の資料調査報告書『死・葬送・墓制資料集成』が発行された。この報告書は、日本全国の四七都道府県における一九六〇年代前後と一九九〇年代前後の葬送《そうそう》墓制《ぼせい》習俗《しゅうぞく》の状況を調査し、その結果をまとめたものである。この報告書では、山形県の事例として東置賜《ひがしおきたま》郡高畠《たかはた》町の時沢《ときざわ》という集落の葬送墓制が武田正によって報告された。時沢は高畠町の北部にあり（図1）、二〇一〇年（平成二二）現在の世帯数は六〇、人口二三八人の集落である[11]。山形県内ではブドウ栽培が高畠町・上山《かみのやま》市・南陽《なんよう》市・山形市で特に盛んに行われてきたが、時沢では明治期にブドウの栽培が始められた。関東へも出荷された時沢産ブドウは、「時沢ブドウ」として知られてきた[12]。

さて、高畠町において現在使用されている斎場《さいじょう》（火葬場）は一九八八年（昭和六三）四月に開設されており、現行の「高畠町斎場の設置等に関する条例」は一九八八年三月二四日に制定され、四月一日から施行されている。この条例の制定に伴い、一九六八年（昭和四三）一二月に制定された「高畠町火葬場条例」（旧条例）は廃止された。旧条例から新条例への移行により、一九六八年から一九八八年までの二〇年間は、現在の斎場とは別の火葬場が利用されていたことを知ることができる。この

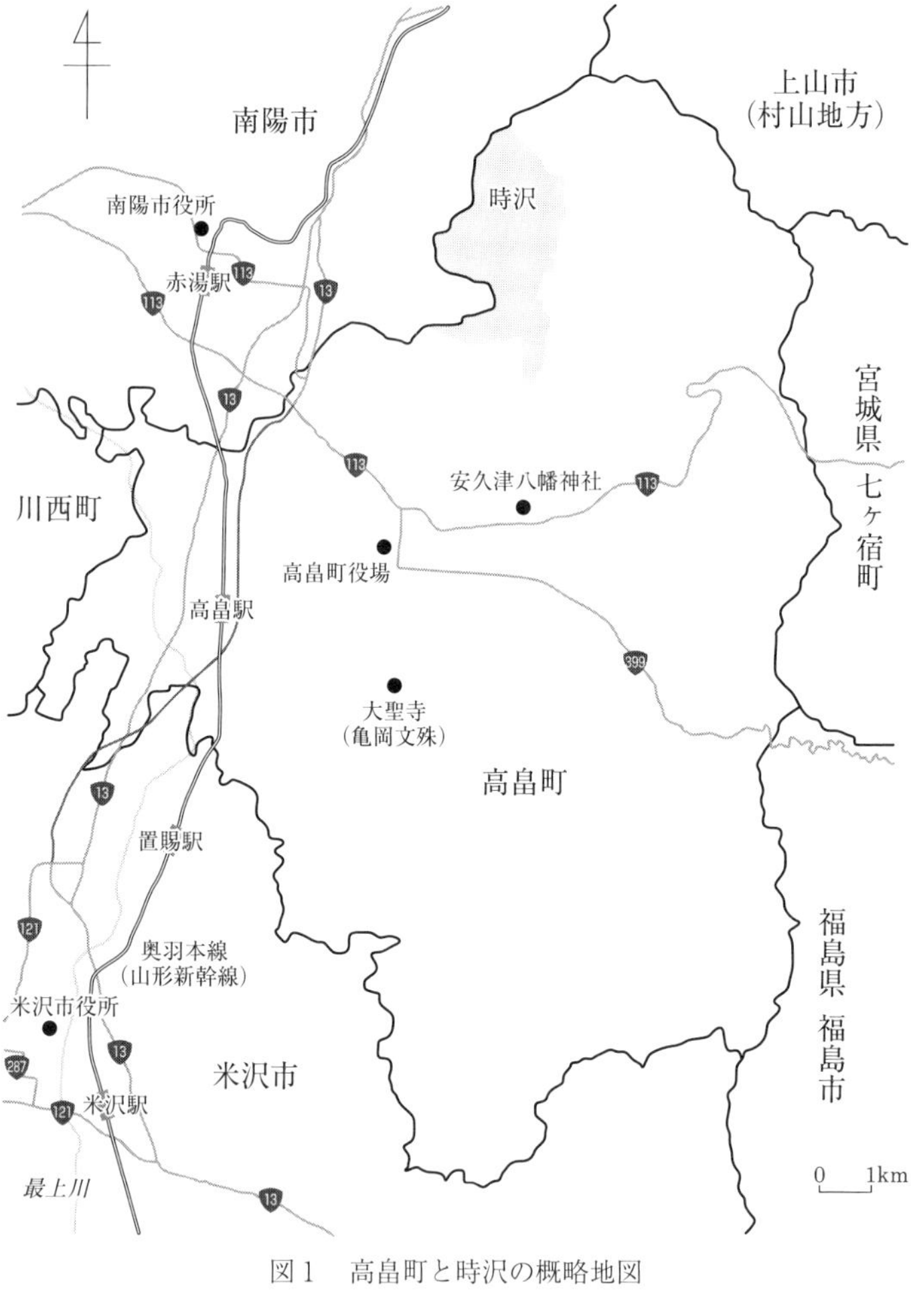

図1　高畠町と時沢の概略地図

図２　時沢の旧墓地

図３　時沢の新墓地

ことは、「火葬は時沢地区では昭和四十年代に入って行われるように」なり、「町の火葬場は従来薪で行っていたが、新火葬場が重油で行うようになった」という武田の報告にも合致する。(13)

時沢の集落内には複数の墓地があるが、武田はそれらを便宜的に「古墓」「旧墓地」「新墓地」と呼び分けていた。(14) 古墓は民家に隣接しており、集落内に点在している。これらの墓地は各家がめいめいで使用していたいわゆる屋敷墓《やしきばか》であり、時沢の墓地の中で最も古い。旧墓地は、おそらく一八七九年（明治一二）の内務省達乙第二九号による「耕地宅地ニ非ラサル民有地ヲ共葬墓地ニ選定スル事」という指示を受けて設置された、時沢の共葬墓地《きょうそうぼち》である（図2）。そして、この旧墓地がある丘の南側の斜面に新墓地がある（図3）。新墓地は、一九七四年（昭和四九）に地目が山林から墓地に変更されたため、その時期に新設されたと思われる。この時期は時沢における火葬の普及と重なっており、新墓地は火葬用の墓地として新設されたのであろう。ちなみに旧墓地には石塔の墓碑も複数立っているが、埋葬の痕跡も今なおところどころに確認でき、なかには寝棺《ねかん》を用いた跡も残っている（図4〜7）。ちなみに、これら三つの墓地の他にも、「フルラント」や「ランバ」と呼ばれていた墓地が集落内にあったというが、道路の新設に伴い撤去されたという。

先に引用したように、武田によると、時沢には火葬が昭和四十年代になって導入されたという。武田が調査した一九七一年（昭和四六）の葬送儀礼の事例では、葬法は埋葬（土葬）であった。同時に、やはり武田によると、時沢における最後の埋葬は一九七三年（昭和四八）であった。(15) つまり、時沢で

図４　旧墓地に残る土葬（土饅頭）の跡

図５　旧墓地に残る土葬（寝棺）の跡

は昭和四十年代という一時に火葬の受容が高まると、短期間のうちに火葬一色に染まったのである。少し時代は前後するが、一九二七年（昭和二）と一九三七年（昭和一二）における山形県内の地域別の火葬率をみると、確かに時沢が位置する東置賜郡の火葬率は高くないことがわかる（表2）。一九二七年・一九三七年ともに、東置賜郡は山形県内で二番目に火葬率が低い。なお、同時期の日本国内の火葬率は、四五・五五％（一九二七年）と五三・七六％（一九三七年）であった。山形県内全体（総数）の数値は日本全国の数値と近似のものとなってはいるが、特に山形市で火葬化が進む一方で、まだまだ埋葬が主流の地域が多くあり、地域によって火葬受容にばらつきがあったことがわかる。高畠町もおそらくはこうした火葬化に後進的な地域であったのであろう。高畠町の旧火葬場は一九六八年

図6　旧墓地に置かれた土葬の墓印の石

図7　旧墓地に設置されたサンキチョの跡

表2　山形県内の地域別埋葬・火葬の件数

	1927年（昭和2）					1937年（昭和12）				
	総数	土葬		火葬		総数	埋葬		火葬	
山形市	1,190	148	12.44%	1,042	87.56%	1,281	69	5.39%	1,212	94.61%
米沢市	787	532	67.60%	255	32.40%	794	378	47.61%	416	52.39%
鶴岡市	626	217	34.66%	409	65.34%	566	124	21.91%	442	78.09%
酒田市	—	—	—	—	—	647	102	15.77%	545	84.23%
南村山郡	1,296	731	56.40%	565	43.60%	1,190	609	51.18%	581	48.82%
東村山郡	2,013	443	22.01%	1,570	77.99%	1,834	273	14.89%	1,561	85.11%
西村山郡	2,206	900	40.80%	1,306	59.20%	1,902	638	33.54%	1,264	66.46%
北村山郡	2,584	1,474	57.04%	1,110	42.96%	2,216	1,123	50.68%	1,093	49.32%
最上郡	1,893	1,425	75.28%	468	24.72%	2,105	1,394	66.22%	711	33.78%
南置賜郡	849	818	96.35%	31	3.65%	698	655	93.84%	43	6.16%
東置賜郡	1,986	1,786	89.93%	200	10.07%	2,358	1,805	76.55%	553	23.45%
西置賜郡	1,586	1,392	87.77%	194	12.23%	1,455	1,107	76.08%	348	23.92%
東田川郡	1,969	1,142	58.00%	827	42.00%	1,871	1,002	53.55%	869	46.45%
西田川郡	1,363	760	55.76%	603	44.24%	1,415	665	47.00%	750	53.00%
飽海郡	2,306	907	39.33%	1,399	60.67%	1,553	523	33.68%	1,030	66.32%
総数	22,654	12,675	55.95%	9,979	44.05%	21,885	10,467	47.83%	11,418	52.17%

註　『山形県統計書』（1929年・1938年）により小田島作成(16).
なお，酒田市は1927年（昭和2）の『山形県統計書』には記載なし．

（昭和四三）に設置されており、そのころに時沢にも火葬化の波がようやく到達したことになる。なお、武田は火葬受容の背景に「自動車の普及、道路の整備、除雪車の導入」をみている(17)。時沢から高畠町の中心部までは、直線距離で六キロほどあり、車による移動でも二〇分ほどを要する。また、冬期には積雪もある。こうした地理的制約を取り払える交通の発達が時沢における火葬化を推し進めたとみなすことは理に適っていると思われる。また、埋葬から火葬への急激な移行の痕跡を「アナバン」（穴番）と呼ばれる役割にみることもできる。「アナバン」とは、埋葬のための墓穴を掘る役割のことであり、喪家《そうか》が所属する組の隣の組（外手伝い）の者がこの役に就く。現在ではもっぱら火葬へと移行した時沢ではあるが、「アナバン」

という名称と役のみは、実質的な働きを失いながらも、依然残っている。これは、火葬への移行があまりにも急速になされたために、従来の機能を代替するような働きを火葬において「アナバン」が獲得することができないまま、形骸《けいがい》化しつつ今日に残った結果だと推察できる。

3　衛生観念の移り変り

時沢における葬法の変化は、死の穢れという概念にも影響を与えている。例えば、時沢においてかつて武田正が聞き取った事例でも、また私自身が聞き取った事例でも[18]、一連の葬送儀礼は喪家の神棚に白い紙を貼り、仏壇を閉じることから始まっていた。そこには、死穢への神や仏の接触を避ける意図を汲むことができる[19]。また、かつて湯灌《ゆかん》は、故人の近親者が荒縄の帯で締めた古い浴衣に身を包んで行った。荒縄と浴衣が湯灌の後には焼却処分されることにも、神棚や仏壇の隔離同様、接触により感染する死穢の概念が持たれていたことを窺うことができる。しかし、埋葬から火葬に変わると同時期、湯灌は省略され始め、代わりに清拭《せいしき》が行われるように変わってきた（表3）。死穢を近親者が引き受けつつ、故人を葬る準備がなされていた土葬時代の湯灌に対し、看護師が故人の死亡後の身支度を引き受ける火葬時代の清拭には、もはや死穢の概念は不在で、衛生の概念が原理となっているようにも考えられる。

近親者による湯灌から看護師による清拭への変化には、自宅死から病院死への移行も無関係ではな

表3　時沢の葬送儀礼における湯灌・入棺・葬法の変化

	1971年（昭和46）の事例〔武田 調査〕	1997年（平成9）の事例〔武田 調査〕	2011年（平成23）の事例〔小田島 調査〕
湯　灌	近親者の男性が2～3人で行う 服装は古い浴衣に縄の帯（湯灌後に燃やす） 盥の湯は逆さ水 通夜後・入棺前に行う	喪主がアルコールガーゼで死体の顔と体（一部）を拭く 服装は普段着 湯は使わない 清拭は通夜・入棺の前	病院で死亡後に看護師が清拭する 改めて湯灌しない
入　棺	通夜の後 湯灌後，湯灌した近親者が死装束を着せ，入棺する 棺は材料を購入し，大工の心得がある時沢の住民がつくる 故人が好きだったものを棺に入れる	通夜の途中（通常は通夜の後），近親の男性が数名で入棺する 棺は葬儀社が用意する 副葬品は入れない	通夜の前 葬儀社が行う 棺は葬儀社が用意する 故人が好きだったものを絵に描いて入れる
葬　法	土葬 自宅での葬式後に埋葬 棺担ぎが棺を下ろす 喪主が最初に土をかける 土饅頭の上にサンキチョ，ハンゾケを設置	火葬 自宅での葬式前に火葬 高畠町の斎場を利用 全部の骨を拾骨 葬式後，骨壺ごとカロウトに納める	火葬 公民館での葬式前に火葬 高畠町の斎場を利用 全部の骨を拾骨 墓の新設のため，四十九日に納骨 骨壺から出した焼骨だけをカロウトに納める

さそうでもある。しかし、ここで確認している三例は、いずれも病院において死亡が確認された事例である。したがって、これらの事例に則するならば、清拭や湯灌の省略という変化は、病院死の一般化に起因するのではなく、葬法の変化に影響されていると考えられる。そのままの肉体（死体）を埋める埋葬（土葬）と、火によって焼かれた骨を埋蔵する火葬とでは、墓に納める前にすべき処理が異なるという感覚の表れでもあろう。つまり、火葬というプロセスには、湯灌に期待されていた死屍を清めるという働きが含有されていることになる。さらにいえば、今日の（火葬化した後の）時沢では、葬式の前に火葬を済ませておく、いわゆる「骨葬《こつそう》」の形式が採択されている。東北地方における骨葬については、「葬儀・告別式を出したその日に納骨してしまうところが大半」だと指摘されている[20]。この背景には、「遺体を埋葬してはじめて葬儀は終了するという土葬時代の認識が、現在の火葬時代になっても保持されていること」が、あわせて指摘されている[21]。この指摘をさらに敷衍《ふえん》すれば、時沢を含む東北の骨葬地域において、埋葬は死体を埋めることであるのに対して、火葬は死体を埋めるために施される処置として、受容されてきたのではないだろうか。だからこそ、事前にしかるべき処置を完了している死体（焼骨）を据えて葬式が執り行われるのではないだろうか。また、焼骨の埋蔵をもって葬儀が終了するという考えに鑑みれば、埋蔵場所である墓と葬式を執り行う場所との距離も、骨葬に無関係ではなかろう。葬式→出棺→埋葬という順序をそのまま火葬の場合にも適用するならば葬式→埋蔵という順序になり、火葬は葬式から埋葬への流れを妨げないよう、事前に行われることになる。葬式会場から埋蔵場所の途上に火葬施設があるならまだしも、そうでなければ葬式から埋蔵への円滑な移行は難しくもなる。このような実際的な制約も、骨葬の採択を支持しているのであろう。

4　火葬の現在

時沢における火葬への移行は、昭和四十年代に短期間の内になされた。交通インフラの整備を背景に受容されたかのような火葬であるが、そうであるならば、江戸期・明治期にあったような宗教的思想が時沢における火葬を妨げていたわけではないことになる。逆にいえば、思想を背景にしていないからこそ、短期間の内に火葬へと迅速に移行できたのである。

埋葬から火葬・埋蔵への変化は、死者観念や死生観の変化によってもたらされたのではなく、行政上の意図や衛生の問題とも絡みながら進行してきた。また、かつては地域により幾分かの差異があった火葬受容も、今日では、日本全国ほぼ一様に極めて高い割合で受容されている。近代には不潔とみなされていた火葬も、技術の発展などもあって、今日では死体処理の方法として「普通」になった。

特段の思想的修正を必要としないままに受容されてきた火葬ではあるが、葬法の変化は葬儀全体にも影響を与えてきた。湯灌から清拭への移行、骨葬という手順の採択は、その一例でもあろう。他にも、時沢では、埋葬時代に必要とされていた天蓋《てんがい》や輿《こし》などの葬具が不要となり、それらの葬具を保管していた旧墓地にあった阿弥陀堂も解体された(22)。また、「サンキチョ」や「ハンゾケ」といった埋葬の土饅頭《どまんじゆう》上に設置していた墓上装置も無用になり、その作り方の記憶が失われるのも、そう遠い未来のことではないであろう。

葬送儀礼を含め、人々の暮らしに変化が生じることは常ではあるが、葬法や墓制のように、外在的要因によって変化が生じたものもある。そして、外在的にでも変化が生じることで、内在的な価値観や観念、習俗などが更新されることも決して珍しいことではないのだ。

註

(1) ちなみに、ここでの「死体」は「妊娠四箇月以上の死胎を含む」ものである。
(2) 堀一郎「わが国における火葬の民間受容について」(楠正弘編『堀一郎著作集　第六巻』未来社、一九九〇年、三一一〜三三二頁)。
(3) 塩入伸一「葬法の変遷―特に火葬の受容を中心として―」(藤井正雄編『仏教民俗学大系4　祖先祭祀と葬墓』名著出版、一九八八年、一一三〜一二〇頁)。
(4) 森謙二「明治初年の墓地及び埋葬に関する法制の展開―祖先祭祀との関連で―」(藤井正雄・義江彰夫・孝本貢編『家族と墓〈新装版〉』(早稲田大学出版部、一九九三年、二〇二〜〇三頁)、西野光一「明治六年の火葬禁止令における火葬感について」(『仏教文化学会紀要』第八号、一九九九年、九七〜九八頁)。
(5) 高橋文博『近世の死生観』(ぺりかん社、二〇〇六年、六九〜七〇頁)。
(6) 高橋、二〇〇六年、七八〜八一頁。
(7) 西野、一九九九年、一〇六頁。
(8) 内務省衛生局「火葬ニ関スル報告書」(『衛生叢書』第四輯、内務省衛生局、一九一四年、六六五頁)。

（9）中川恭次郎編『家庭衛生講話　第二編　医学博士森林太郎講述　衛生学大意』（博文館、一九〇七年、二九～三〇頁）。

（10）一九〇五年（明治三八）から一九〇九年（明治四二）の数値は内務省衛生局発行の『衛生叢書』第四輯、一九一四年、六七九～八〇頁による。一九一三年（大正二）から一九三五年（昭和一〇）は内務省衛生局発行の『衛生局年報』、一九三六年（昭和一一）は厚生省衛生局発行の『衛生局年報』、一九三七年（昭和一二）および一九三八年は厚生省衛生局発行の『衛生年報』、一九三九年（昭和一四）および一九四〇年は厚生省人口局発行の『衛生年報』による。一九四七年（昭和二二）から一九五二年（昭和二七）は厚生省大臣官房統計調査部発行の『衛生年報』による。一九六一年（昭和三六）および一九六二年ならびに一九七二年（昭和四七）は厚生省大臣官房統計調査部発行の『衛生行政業務報告』、一九七三年（昭和四八）および一九七四年ならびに一九七七年（昭和五二）から一九八三年（昭和五八）ならびに一九八五年（昭和六〇）は厚生省大臣官房統計情報部発行の『衛生行政業務報告』による。

（11）二〇一〇年（平成二二）の国勢調査による（平成二四年一二月一一日公表）。

（12）東置賜郡教育会『東置賜郡史　下巻』（復刻版）（名著出版、一九七三〈一九三九〉年、四一二頁）、山形県編『山形県史　第五巻　近現代編下』（山形県、一九八六年、二三九頁）。

（13）国立歴史民俗博物館『博物館資料調査報告書　第九集　民俗研究部　死・葬送・墓制資料集成　東日本編1』（国立歴史民俗博物館、一九九九年、三一九頁）。

（14）国立歴史民俗博物館、一九九九年、三三五頁。

（15）武田正「東北地方の葬送儀礼―山形県米沢地方を中心として―」（国立歴史民俗博物館編『葬儀と墓の現在―民俗の変容―』吉川弘文館、二〇〇二年、九〇頁）。

（16）一九二七年（昭和二）は山形県知事官房統計課発行の『山形県統計書』第四編に、一九三七年（昭和一二）は

山形県総務部調査課発行の『山形県統計書』第四編による。

(17) 武田、二〇〇二年、九〇頁。

(18) 時沢の区長である大塚常夫氏より二〇一三年(平成二五)三月一二日に、そして二〇一一年(平成二三)の葬儀で喪主を務めた竹田秀一氏より二〇一三年三月一七日に、それぞれ話を伺った。

(19) 東置賜郡教育会、一九七三年(一九三九)、五六二頁。

(20) 鈴木岩弓「東北地方の「骨葬」習俗」(鈴木岩弓・田中則和編『講座東北の歴史 第六巻 生と死』〈清文堂、二〇一三年、二六七頁〉)。

(21) 鈴木、二〇一三年、二六七頁。

(22) 国立歴史民俗博物館、一九九九年、三二〇頁。

〔付記〕 本稿で扱っている時沢の葬送儀礼を調査された武田正先生は二〇一三年(平成二五)一二月三一日に永眠された。本稿の主題である時沢における葬送儀礼の変化についての考察は、武田先生の精緻な調査報告があるからこそ可能であった。記して哀悼の意を表すとともに、冥福を衷心より祈念する。

自動車社会化と沖縄の祖先祭祀

武井基晃

一　沖縄の葬送・祖先祭祀と自動車

1　自動車社会化と葬送への影響

経済成長の一要素として自動車社会化に着目し、沖縄の葬送《そうそう》と祖先祭祀《そせんさいし》を考えると何が見えてくるだろうか。本稿では沖縄本島の中南部を事例に、まず沖縄本島の自動車社会化の初期とその祖先祭祀に対する影響を記事と統計資料から確認し、さらに今日の祖先祭祀の行事が自動車による移動によってどのように執り行われているかを、筆者の同行調査をもとに記述していく(1)。

那覇《なは》市から与那原《よなばる》、嘉手納《かでな》、糸満《いとまん》へ敷設・運行されていた軽便鉄道と民間経営のバスが中心だった戦前の沖縄本島の交通網は、いずれも沖縄戦で破壊されてしまった。一九四七年（昭和二二）に米軍が沖縄全島での昼間の自由な通行を許可し自動車を左側通行とした中、米軍から廃棄されたトラックなどが交通の足として利用され始め、一九五〇年には民間のバス会社が設立された(2)。その後「軍道一号線」(現在の国道五八号)が那覇—名護《なご》間に整備され、復帰後一九七五年の沖縄自動車道の石川—許田《きょだ》間の開通、許田と名護市内を結ぶ国道五八号の拡幅、一九八七年の沖縄自動車道の石川—那覇間の開通により、那覇と名護は大きな交通動脈で結ばれた(3)。なお左側通行は復帰後も六年間続き「車は左、人は右」が周知され右側通行になるのは一九七八年である。

沖縄における自動車社会化の進展が葬送に及ぼした影響について、沖縄本島南部の糸満市糸満から八重瀬《やえせ》町港川への移住した漁民の葬送の事例報告(4)によると、移住先の港川に墓を作らずに糸満に所在する門中墓《もんちゅうばか》を利用し続ける漁民は納骨のために一一キロ離れた糸満の墓まで通っており、かつては糸満までの葬式道で遺体を乗せた龕《がん》を地面に置いて休めたのは途中一ヵ所だけだったが、現在は自宅での告別式後に火葬骨を車で運んで納骨している。また幸地腹《こうちばら》・赤比儀腹《あかひぎばら》両門中の門中墓は火葬の導入で不要になった洗骨《せんこつ》の儀礼場の廃棄物を棄てる塵捨て場を駐車場に変えて活用している(5)。

2　火葬前後の葬送

沖縄本島では一九五〇年代から各地で火葬場が設置されるにつれ、その周辺から火葬が普及し一九七〇年代中頃には火葬が完全に定着した(6)。火葬導入前の沖縄では、葬送は《自宅で葬儀→遺体を墓へ

図１　中城村津覇の龕

↓数年後に洗骨・改葬》だった。龕（図１）に乗せて運んだ遺体を数年かけて墓内で白骨化させ、その骨を改めて甕などに収めたのである。女性たちが担った洗骨の実態は「歯のひとつひとつまで取り上げて、洗い清める。その仕事が、〝女の役〟とされたことの辛さを、体験のある女たちの誰もが、顔をそむけ、全身で泣くように語った。〝作業〟そのものだけでなく、遺体を墓に収めた葬儀の後、洗骨の日を迎えるまでの期間が、苦しかった」「洗骨の慣習下にある女にとっては、死後の自分が、洗骨をされる際に、どんな醜態を晒すのかの懸念も、悩みの種だった(7)」。

火葬の導入で葬送の過程が《自宅から遺体を火葬場へ↓遺骨を自宅に戻し葬儀↓遺骨を墓へ》になった。葬儀の前に火葬を施すため火葬時と納骨時の二度自宅を出ることになり、また火葬によって白骨化が済むので、納骨後に洗骨・改葬することはなくなった。火葬普及前後の洗骨の変化は「門中に死者が出ると、葬儀に先立って墓室に先に安置されている死者の棺を墓庭に出し身内とごく近い親戚によって洗骨（洗骨することをギレーユンという）が行われた（中略）完全に白骨化していない死者は現世への執着があるからだという解釈もあって、関係者は、棺を開けて白骨化を確認するまで極度の緊張感を強いられたという。火葬が普及した今日でも、先に納まっている遺骨を出して形式的に骨を洗い（拭き）その遺骨を奥に収め直すことは行われている[8]」。また「戦後に火葬が普及するようになると、火葬を葬儀過程のどこに組み入れるかに関して地域的な差異が生じた。沖縄本島中南部では、火葬は儀礼過程のはじめに組み入れられ、その後に葬儀（「告別式」）と納骨が行われるようになった」「死者はまず家族や近親、集落の人々の見守るなかで入棺され、自動車で火葬場に向かった（中略）頃合いを見計らってふたたび火葬場におもむき拾骨した。家にもどってきた骨は仏壇の前に安置され、『告別式』が行われた（中略）やがて二度目の出棺となり、骨は墓に送られた[9]」。

　筆者が聞き取り調査した沖縄県中城村《なかぐすくそん》での平成の葬送では、親戚の男性たちが棺を玄関から自動車まで運び、自動車で四〇分ほどかけて近隣の火葬場（浦添《うらそえ》市伊奈武瀬《いなんせ》のいなんせ斎苑[10]）まで移動した。火葬場の立地から自動車での移動は不可欠となっている。葬儀の前に火葬を施すには、死亡から二四時間以降でないと火葬の許可が下りず、火葬場の空き状況にも左右される。長男（喪主）が点火のスイッチを押し二時間弱ほどで火葬が完了するまで、持ち込んだジューシー（炊き込みご飯）のおにぎりと漬け物を食べて待つ[11]。そして火葬後に遺骨を家に持ち帰り、葬儀を経てから改めて家から墓まで葬列（骨壺は長男が持つ）を組み、納骨する[12]。

3　沖縄の祖先祭祀の日と担い手

沖縄各地の祖先祭祀の主な行事を対象（墓・位牌《いはい》など）によらずにひとまずあげてみると、旧暦一月一六日の十六日祭（ジュールクニチ）、春の彼岸、新暦四月五日頃の清明（シーミー）祭、旧暦二・五・六月一五日の御祭（ウマチー）、旧暦七月の七夕・旧盆、秋の彼岸などがある。このうち、沖縄本島中南部で特にさかんに行われるのは、清明祭の一家（一族）総出の墓参り、ウマチーの宗家の仏壇（香炉《こうろ》・位牌）の祭事、そして旧盆である。[13]

沖縄本島中南部における年間の主な墓参りの機会は四月の清明祭である。清明祭は一八世紀に首《しゅ》里《り》・那覇に定着してから徐々に本島内に広まった。たとえば琉球王家に連なる門中は今日も、清明祭にはまず王墓の玉陵に出向き、敷地外から遙拝して拝む（図2）。清明祭の墓参りは比較的新しい習俗とされ、小川徹は「今日では清明祭を当然のことと信じて疑わない地域でも、意外に近い時期に新旧の交代があった」と指摘し、沖縄本島北部で旧一月一六日と旧暦七夕の墓参りから明治時代に清明祭中心の先祖祭への移行が図られたことを報告している。離島では今も十六日祭の墓参りの方が重要とされるが、本島中南部では十六日祭は前年に亡くなった人がいる場合にする程度である。[14][15]

一方で旧盆は、墓掃除・墓参りもするが、基本的には家に帰ってくる先祖の霊をお迎え（ウンケー）して仏壇に供え物をして祀る日である。旧盆の仏壇（図3。南城市玉城）には料理を詰めた重箱が供

図2　玉陵を拝む門中

図4　ウークイ（御送り）の縁側

図3　旧盆の仏壇

えられ、先祖の霊が用いる杖としてサトウキビも仏壇の左右に置かれる。祖先をウークイ（お送り）する盆の最後の夜には、香炉と供え物（重箱・果物・お茶など）を縁側に並べて先祖を家の外へ送り出し（図4。南城市玉城）、サトウキビの杖も玄関先に置く。

　図5は、門中の系譜関係と墓参りの対象を示した模式図である。仮にA家について見てみると、元祖から今日のA家の間には男系をたどって、元祖直系の大宗家《だいそうけ》、大宗家から分立した小《しょう》宗家、小宗家から分立した（A家にとっての）本家などがある。A家の人は墓参りの時期、特に清明節後の最初の日曜日に、元祖の墓をはじめ系譜の上位の墓を拝む。これをカミウシーミー（神御清明）と称する。それが済んでから自家の直接の本家の墓なども拝む。つまり自家の墓よりも前に、優先して拝むべき墓がいくつかあるのである。元祖の墓や本家の墓が近くにない場合は、移動しなければならない。それは大宗・小宗・本家の仏壇を拝むウマチーも同様である。

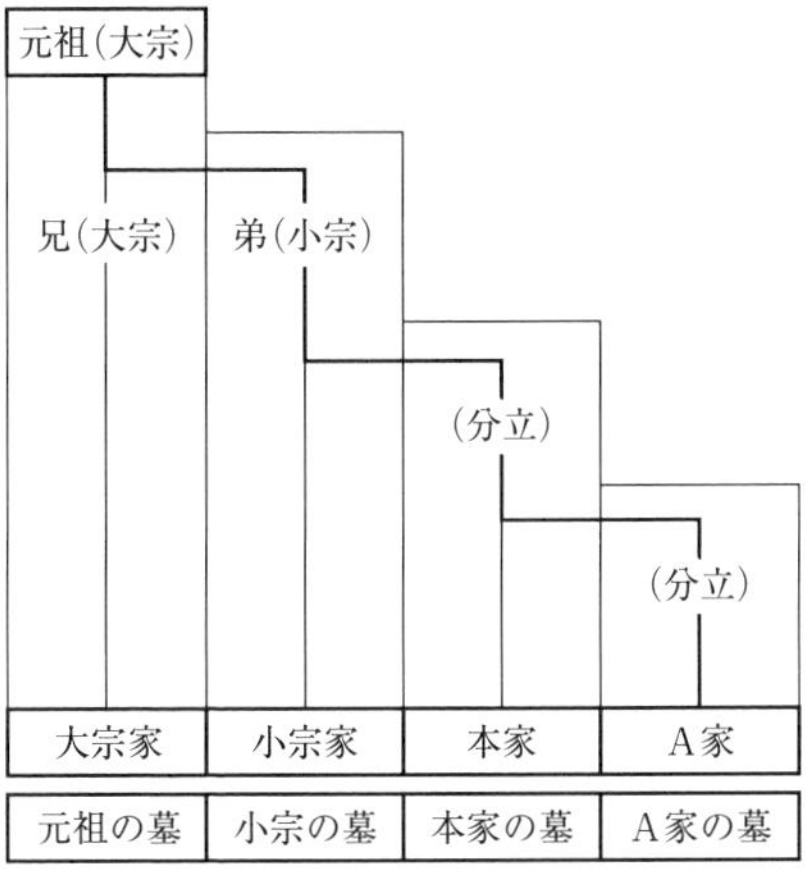

図5　墓参りの対象

　かつて自動車が普及する以前、遠く離れた墓や宗家への祖先祭祀には、体力のある若者たちが一家や門中や地域を代表して、お供え物を担いで、徒歩で向かっていた。それが自動車社会化を経て、葬送や祖先祭祀において自動車での移動が不可欠となり、自動車で移動できることを大前提として今日の祖先祭祀は成立している。自動車のおかげで、年少者や高齢者のような体力のない世代も含めて親戚一同が揃って行事に参加できるようになった。そのため、自動車で行事に参加している今日の高齢者の中には、若い頃に徒歩での清明祭の墓参りを経験し、今なお参加し続けている人が見受けられる。

二　自動車の利用――復帰前の新聞記事と統計資料

1　新聞記事

戦後の沖縄における自動車社会化の進展と自動車での移動をともなう今日の祖先祭祀の行事の実例から自動車社会化という変化について考える前に、戦後から復帰前における葬送に関連しての自動車利用の様子を新聞記事から見てみよう。

「埋葬を廃した／喜如嘉部落の旧習打破」（『琉球新報』一九五二年六月二日三面）は大宜味村喜如嘉《おおぎみそんきじょか》区で、かねてより洗骨・埋葬・式などの冗費節約のため婦人会を中心に提唱された火葬場設置を報じた記事である。旧慣を重んじる年寄りたちからは「生きているときに焼かれるのさえ嫌なものであるのに死んだあとで焼かれてはたまらない」「火葬に要する薪はトラックに一杯もいるからかえって不経済」といった反対の声が寄せられていたが、同年一月二日に初めての火葬[16]が行われた結果「薪は百円位ですみ、洗骨の必要もなくなる」と許容範囲内の経済負担で速やかに骨化が済ませられ、数年後に改めて行われる洗骨も省略できることが受け入れられ、さらに「火葬の成功に伴って死装を簡単なさらしの白衣装に統一」できることになり、「葬式に見栄をはらなくてすむようになった」と報じられている。本稿の調査地の一つ南風原《はえばる》町喜屋武《きやん》での火葬の始まりは一九五八年（昭和三三）なので、那覇から遠い本島北部にて住民主導で導入されたことの先取性は著しいものである。[17]

同記事には喜如嘉では埋葬の廃止とともに、従来墓所まで遺体を担ぐのに用いられていたガン（龕）が「旧習慣のガンとばかり放棄され」、火葬場までの遺体運搬にはリヤカーの霊柩車《れいきゆうしや》が利用されたとある。墓所まで着く間、遺体を乗せた龕は地面に付けてはならず、遠い墓所に運ぶ場合などは休憩もできない重労働だったという話は各地で聞かれるが、それが地面に付いたままのリヤカーに変わったというこの事例は、遺体処理だけでなく遺体運搬時の禁忌《きんき》まで変容したことを示す。

「旧十六日も戦後派」（『琉球新報』一九五八年三月七日五面）は、旧一月一六日の墓参りの記事で「タクシーが草深い道を走り、高級車が墓前に横づけするというシーンはやはり戦後派らしい風景」と報じられている。同年には事故の記事ではあるが那覇市から読谷《よみたん》へ清明祭に行った帰りに「五名が重軽傷／清明祭の帰りに輪禍」（『琉球新報』一九五八年四月一三日夕刊三面）もある。自動車で移動しての墓参りがあり得ることになってきた当時の様子がうかがえる。

一九七〇年代初頭には、「本部町に葬儀車／前原さん私財で贈る」（『琉球新報』一九七一年二月二三日七面）に、本部町《もとぶ》では「十年前に火葬場ができたが、これまで霊柩車がないため自家用のピクアップやワーゴン車を利用。時たま那覇あたりから霊柩車がくると、『本部町でも一台は必要だ』などと、町民の間でささやかれていた」という状況にまで達しており、町長の知人が配達用に使っていた「外車のワーゴン」を「黒にぬりかえて『本部町』の文字を白抜きにして」提供したことが報じられている。

2　自家用乗用の自動車台数

続いて統計資料（表）――『琉球警察統計書』（一九六三年版、一九六七年版、一九七一年版）、『沖縄県交通白書』（昭和五八年版）――をもとに、戦後間もなくから復帰前にかけての「自家用」かつ「乗用」として登録された自動車（普通自動車および小型四輪・小型三輪）の台数、および県下保有車両数・免許保有者数について、先に引用した記事の当時の状況を見てみよう。[18][19][20]

大宜味村喜如嘉でリヤカーが導入された一九五二年（昭和二七）の記事当時の沖縄の県下保有車両数は、自家用・営業用・外人用・官庁用などすべての車種を含めてもたった二七八〇台で、自動車は珍しいものだった。それが一九五八年の記事（「旧十六日も戦後派」）当時には、自家用の乗用自動車台数だけで二四四三台に達し、県下保有車両数は一万台を超えたものの、推定人口八五万四〇〇〇人

表　戦後～復期，沖縄の自家用乗用自動車台数

年	自家用の乗用自動車数				県下保有車両数	免許保有者数	県人口	
	普通自動車	小型四輪	小型三輪	合計				
1949	—	—	—	—	58		571,846	
1950	—	—	—	—	1,128		698,827	国勢調査
1951	—	—	—	—	2,297	2,744	—	
1952	—	—	—	—	2,780	9,817	754,900	
1953	—	—	—	—	3,774	12,365	769,300	
1954	184	170	13	367	4,448	13,870	787,700	
1955	335	206	11	552	5,688	16,083	801,065	国勢調査
1956	698	252	9	959	7,820	19,400	820,000	推計
1957	1,206	292	8	1,506	8,840	20,245	835,000	推計
1958	1,804	633	6	2,443	10,986	22,377	854,000	推計
1959	2,120	817	7	2,944	12,067	26,194	873,000	推計
1960	2,430	1,322	7	3,759	14,412	33,566	883,122	国勢調査
1961	2,487	2,066	5	4,558	17,589	42,559	894,000	推計
1962	2,568	3,344	4	5,916	22,558	49,925	906,000	推計
1963	2,570	5,678	4	8,252	28,843	62,411	919,000	推計
1964	2,102	6,687	3	8,792	32,521	78,082	927,000	推計
1965	1,816	11,164	3	12,983	41,427	92,143	934,176	国勢調査
1966	1,459	17,305	3	18,767	54,296	112,459	942,000	推計
1967	1,309	25,170	3	26,482	70,290	128,284	949,000	推計
1968	1,432	31,803	3	33,238	84,428	145,431	956,000	推計
1969	1,467	37,055	3	38,525	96,368	162,443	955,000	推計
1970	1,641	44,129	3	45,773	114,112	181,303	945,111	国勢調査
1971	2,124	53,735	3	55,862	137,949	200,989	938,951	

註　『琉球警察統計書』（1963年版，1967年版，1971年版），『沖縄県交通白書』（昭和58年版），『沖縄県人口の推移（明治36年以降）』（昭和49年）を参考に筆者作成．

（免許保有者数二万二三七七人）に対しては、まだ台数は少なかった。

霊柩車の代用として自家用車が利用され、さらに本島北部の本部町でも町有の霊柩車が必要なものと考えられるに至った復帰直前の一九七一年（昭和四六）には、人口九三万八九五一人に対し、自家用の乗用自動車数は五万台（県下保有車両数は一三万台）を超えている。一九七一年までの過去一〇年間で人口は九〇万人台で推移しているが、自家用の乗用自動車数は五〇〇〇台から五万台と一〇倍に増えている。

沖縄県下の保有車両数（自家用・営業用・外人用・官庁用の総数）一台あたりの人数を算出（県人口÷県下保有車両数）してみると、一九五二年には一台あたり約二七二人であったが、一九五八年には約七八人、そして一九七一年には一台あたり約七人と、県民にとって自動車が身近になった過程が読み取れる。(21) 自家用の乗用自動車一台あたりでも、一九五八年の約三五〇人から一九七一年には約一七人と、戦後から日本復帰前のアメリカ統治下、沖縄の自動車社会化は急速に進んでいたことがわかる。(22)

三　調査地概要――家族墓地域のヤードゥイと門中墓地域のムラ

1　中城村北浜と南風原町喜屋武

沖縄の墓地を利用と所有から分類すると、①村墓《むらばか》（ムラの住民での共用）、②模合墓《もあいばか》（寄合墓《よりあいばか》。複数の家での共用）、③門中墓（父系の親族集団〈門中〉の成員での共用）、④家族墓（家墓《いえばか》）の四つに分かれる。①～③は複数の家による共同利用である。④家族墓は一家族による一つの墓の利用で、分家して一家をなしたらいずれその家の成員が納骨される墓を作るべきとされる。このほか、元祖の墓のように先祖の骨が納骨されているだけでもう追加の納骨はされない墓もあり、主に門中単位で所有され、清明祭などの祭祀対象となっている。

以下、墓制が大きく異なる中城村と南風原町での調査から、家族墓と門中墓の両地域における墓参りなど、祖先祭祀の行事の事例を提示する。墓制を見ると、中城村は一つの家（ヤー）ごとに一つの墓を持つ家族墓の地域で、分家はいずれその家の墓を建てる。一方、南風原町は父系血縁集団である門中単位（あるいは複数の門中）で一つの墓を共同で所有・利用し、門中を形成する人々がいずれは同じ墓に入る門中墓の地域である。ここでは家を分家しても墓は分かれない。門中墓は沖縄本島の南部（島尻《しまじり》）に著しく分布しており、南風原町はその北限に位置する。

中城村(23)は沖縄本島の中頭《なかがみ》郡にある行政村（一万八八三〇人／七二四三世帯。二〇一三年一〇月現在）である。村の東半分は海岸沿いの平地、西半分は台地で、平地と台地の標高差は約一〇〇メートルある。戦後(24)、南上原の字内に琉球大学が移ってきたのをはじめ、西側の台地上は都市化が進んでいる。一方、村役場や小中学校・郵便局などがある東側の平地は農業（サトウキビ・野菜・花卉）を主体とする地域である。

本稿の主な対象は中城村北浜の仲松家の門中で、この門中は琉球王府時代から明治初頭にかけて首里から移住してきた士族の門中（洪氏）の成員である。琉球王府士族の子弟が首里を離れて移住し、海岸低地や山林を開墾して成立した集落のことを屋取《ヤードゥイ》集落という。北浜はもともと海岸低地の屋取集落で、仲松姓が多かったことから仲松屋取と称された。それが昭和時代に北浜という字として独立し、今も仲松姓が住民の大半を占める（行政区北浜は五〇一人／一八八世帯。二〇一三年一〇月現在）。大正時代の記録を参照すると、大正一四年（一九二五）の「沖縄県下各町村字並屋取調」の調査票[25]には、字内にある「所属屋取名」の欄に、字津覇《つは》内の「仲松」として記録されている。これより少し早い大正八年に作成された「註記調書」[26]の「字ニ属スル部落名」の項目では、字津覇内の「津覇浜屋取」（一五戸／七九人）と字和宇慶《わうけ》内の「和宇慶浜屋取」（七九戸／四一八人）と、現在の北浜（仲松屋取）と南浜（安里屋取）が区別なく記載されている。

一方、南風原町の喜屋武[27]は大正八年（一九一九）の島尻郡南風原村の「註記調書」には一二三戸／六八九人、大正一四年の「沖縄県下各町村字並屋取調」には一二四戸と記録されている。現在の人口は南風原町全体が三万六〇七九人／一万二九四一世帯で、行政区の喜屋武は一一九五人／四一九世帯である（二〇一三年一一月現在）。喜屋武には複数の門中があり、喜屋武一帯に門中ごとの門中墓がある。前北谷・勝連・仲里・門・新殿内・糸満・山口などの門中の墓は、集落から歩いて県道を渡ってすぐの南風平原《へんだばる》に並んでいる。そのほかの内原・親国・北谷の三門中の墓がある石平《いせえら》、与論門中の墓がある宇地真原《うじまばる》、小橋川門中の墓がある毛原《もうばる》は集落から県道を挟んだ先に広がる黄金森《くがにむい》という森の中にある。黄金森の中には今も納骨が続くトーシー（当世）墓のほかに、古い墓（アジシー墓、按司御墓）も点在し、清明祭の墓参りの対象となっている。喜屋武の門中で最も大きいのが内原門中の七四〇人（一二九世帯。二〇一〇年現在）、少ないところは北谷門中の約二〇人である。

2　中城村の交通事情——聞き書きより

戦前の沖縄本島南部には首里・那覇を中心に鉄道網が敷かれていた。那覇—与那原間の与那原線（一九一四～四五年）、古波蔵《こはぐら》—嘉手納間の嘉手納線（一九二二～四五年）、国場《こくば》—糸満間の糸満線（一九二三～四五年）の三線の汽車（蒸気・内燃）があった。また、与那原から泡瀬《あわせ》までは沖縄軌道（人力・馬力。一九一四～四五年）もあった。しかしこれらはいずれも沖縄戦の戦災で失われた(28)。

戦前の沖縄本島中南部の東海岸の交通網は、首里から与那原まで与那原線、与那原から泡瀬までは沖縄軌道、そして与那原から泡瀬にはボンネットバスも走っていた。しかし中城村からは、多くの人が首里までは歩いて出かけていた。戦前の鉄道はいずれも戦災で失われ復旧しなかったが、戦後にはバス網が整備された。

戦後の中城村で最初に車を買ったという男性（一九三二年生まれ。中城村屋宜在住）は、バスの長期ストがあった一九六五年（昭和四〇）頃に、中古の日産プリンスを六〇〇ドルで購入した。新車だと一二〇〇ドルで、この額は二〇坪の家が買えるほどだった。その妻（一九三一年生まれ）も一九六九年（昭和四四）に「車持たんと不自由感じる」と免許を取得した。この頃（一九六〇年代後半）は先述した統計資料でも、自家用の乗用自動車台数も免許保有者数も大幅に増加し始めた時期と一致する。多くの家庭で自動車が必要とされ、かつ手に入れられるようになった時代の到来である。

四　祖先祭祀行事と自動車での移動

1　中城村北浜の仲松家の清明祭――中城村から那覇市首里方面へ

以下では、中城村北浜の仲松家による首里など他地区へ出向く清明祭（二〇〇五年四月調査）・ウマチー（二〇〇八年七月調査）の事例、そして南風原町喜屋武の門中墓地域の清明祭（二〇一一年四月調査）について、祖先祭祀における自動車利用の実態を提示する。

中城村北浜の仲松姓の家々の清明祭で、調査日時は二〇〇五年（平成一七）四月一〇日（日曜）および同月一七日（日曜）である。沖縄では四月の日曜日には、数週間にわたって系譜関係をふまえて墓参りを繰り返す。まず清明の入りの直後に、最も上とされる祖先の墓に参る（神御清明）。目的地は那覇市内の三ヵ所の墓で、かつては成年男子の一団が早朝からご馳走の重箱を担いで出向いていたと回想されるが、今はその経験者が高齢者となって、昼前に集合して家族と自動車で向かっている。

仲松姓の家々は琉球時代以来の士族系門中（洪氏門中）に属するので、清明祭の墓参りはまず初日に、①「大宗」の墓（洪氏門中の元祖の墓所）、②「小宗」の墓（琉球王府時代に大宗家から分立した小宗家の墓で仲松家全体の祖先）、③「高仲松」と称する墓（小宗家から分かれ現在の北浜の仲松の家々につながる先祖の墓）に参る。つまり、大宗家（元祖）→小宗家→高仲松と、元祖から現代の自分たちまでの系譜関係に沿って墓をめぐるのである。さらに翌週の日曜日には住所の中城村近辺にある首里仲松（屋号。首里から中城村に移住してきた家で、現在の北浜仲松全体の総本家に当たる）の墓や自身の家の墓をめぐる。

二〇〇五年四月一〇日（日曜）の北浜の仲松家の神御清明は次の通りである。

・一一時半頃：自動車数台で中城村北浜を出発。

・一二時過ぎ：那覇市内の大宗（元祖）の墓前に集合（図6）。重箱（餅・おにぎり・卵焼き・蒟蒻《こんにゃく》・かまぼこ・豚肉・昆布・ごぼう・厚揚げ豆腐）・果物・泡盛を供える（図7）。また墓所のヒジャリノカミ[29]にも線香を上げ泡盛をかける。揃って線香をあげて墓を拝み、すぐ自動車で次の墓へ移動。

・一三時前：小宗の墓（洪氏仲松門中之墓。洪氏門中内の仲松・仲尾次家の祖）に到着。洪氏仲松門中の別の一団が墓参りをしていたので暫く待つ（墓参りは門中の分節集団ごとに行っており、沖縄県内の門中成員が時間を合わせて集合することはない）。

・一三時過ぎ：墓前に重箱を供え線香をあげ、ヒジャリノカミにも線香をあげ、揃って小宗の墓を拝む（図8）。自動車に乗って移動。

・一三時五〇分：高仲松の墓前に集合。墓前に重箱・線香を供え、ヒジャリノカミにも線香をあげ、揃って墓を拝む。

・一四時頃：ここまで三ヵ所の墓前に供えてきた重箱の中身を参加者全員で取り分けて、墓前で

図6　洪氏大宗の墓

図7　大宗の墓前で広げた重箱

図8　小宗の墓前の墓参り

揃って食事をする。沖縄の墓参りは親戚全員のピクニックのようなものとよく説明される光景である。年に一度、墓前に集合して重箱の中身を親戚や先祖と分け合い、歓談するこの機会に門中の総会が開かれ、報告などが行われる。

・一五時頃：一時間ほど食事をしてから車に乗り合わせて現地解散し、帰宅。

以上が神御清明の一例である。

続いて翌週の日曜日、中城村内の墓所へ行くある一家の墓参りの事例は次の通りである。

・一三時五〇分頃：重箱（餅・おにぎり）・果物・泡盛・スーパーで購入した料理を持って自分の家の墓に向かう。墓に向かって左側でウチカビ（紙銭）を燃やし泡盛をかけ、向かって右側脇のヒジャリノカミにも重箱の中身を供え、ウチカビを燃やしてから家族揃って墓を拝み、重箱の中身を広げて食事（祖先と共に共食することが目的で、数分で済ませた）。

・一四時三〇分：本家（屋号・首里仲松）の墓に顔を出し、すでに食事を始めていた本家の人々と食事を共にし、一五時過ぎ頃に辞した。

二週間にわたって日曜日の午後に行われた墓参りの一例を提示した。特に一週目の神御清明には那覇市内の三ヵ所の墓所を回るため、自動車が不可欠である。というよりも、自動車での移動を大前提に親戚一同の参加が可能となっている。自動車社会化のおかげで、体力のない世代――年少者や年配者――も行事に参加できるようになったのである。

2　中城村北浜の仲松家のウマチー――中城村から那覇市首里・与那原へ

続いて同じ門中の集団が行うウマチー（御祭）の事例を提示する。調査は二〇〇八年（平成二〇）七月一七日（火曜：旧暦六月一五日の六月ウマチー）に行った。この祭祀の対象は大宗家と小宗家の仏壇（神棚）である。中城村から与那原町の大宗家や那覇市の小宗家へと移動するため、ウマチーもかつては成年男子が代表して歩いて出向き、一日かけて往復していた。それが自動車社会化によって移動が容易になった反面、先述の清明祭とは異なり、祖先祭祀に特に熱心な少人数の年配者だけが個人的に参加し続けているのが現状で、一族総出ではなく世代交代が進んでいない。

・一〇時二〇分：首里城に近い小宗家（洪氏門中内の仲松・仲尾次の家々共通の祖の直系に当たる）を訪問。祀られている香炉[30]に線香を供え、ハナグミ（花米）と呼ばれる米を持ち帰る。小宗家の家族や居合わせた他地域に住む同じ門中の人々と情報交換（個人の動向や、系図の作成状況など）を行う。小宗家の仏壇を拝んだら、次に系図を遡って大宗家の仏壇を拝みに移動する。

・一二時頃：与那原町在住の大宗家に到着。大宗家の仏壇は左側に代々の位牌が安置されているが、今回の祭祀対象はその右側にある香炉（図9）で、同様に線香を供えハナグミを持ち帰る。

以上、中城村の屋取集落に居住する士族系

図9　洪氏大宗家の香炉

門中を対象に、大宗家と小宗家の墓参りを行う清明祭と先祖の仏壇・香炉を拝むウマチーの事例から、自動車での移動が可能になったおかげで、これらが容易に果たされていることを示した。

3　南風原町喜屋武の門中墓の清明祭――南風原町一帯の門中墓

門中墓地域においても、自動車を利用して一家総出の清明祭の墓参りが行われている。調査は二〇一一年（平成二三）四月一〇日（日曜）に、南風原町喜屋武の山口門中（糸満ビチ）の赤嶺家の兄弟世帯合同の清明祭を対象に行った。清明節（四月五日）当日には門中の年配者たちが拝みに出向き、南風原町から「町清明祭」（主に清明節後の日曜日）として通知される日に各家庭が墓参りを行う。

門中墓は父系関係で結ばれた複数の家族からなる門中によって共有される墓だが、喜屋武では清明祭の墓参りに関係者全員が一堂に会することはなく、家族や近い親戚ごとに行われる。それぞれの墓を利用する家族が次々と墓参りに来るので墓前で食事をとることはないが、門中によっては共同で準備した重箱を分けることもある。

・一五時頃：自宅から徒歩で南風平原のトーシー（当世）墓に向かい墓参り（図10）。今の世代も用いている墓で面識のある上の世代も納骨されており、いずれ自身も死後に納骨される墓である。

・一五時二四分：自動車で黄金森にあるアジシー（按司世）墓へ移動し拝む。現在は使用されていないが按司（かつて支配者層）の時代つまり遠い昔に用いられていた墓の意で、門中や村落の遠

図10　南風原の清明祭「トーシー墓」

図11　南風原町の戦没者碑

い先祖を葬るとされる。

・一五時三〇分：アジシー墓の裏手も拝む。以前は拝んでいなかったが、骨が出てから拝み始めた。

・一五時四〇分：自動車で黄金森の北端の南風原小・中学校近くの按司御墓へ移動し拝む（喜屋武では本事例で同行した門中だけが拝む）。

・一五時四五分：按司御墓に隣接する南風原町の慰霊塔と戦没者碑（南風原町平和の礎）に向かう。南風原町民の戦没者が字ごとに刻まれているので喜屋武の箇所に目を向ける。小学生の子どもたちにも戦争について話して聞かせる（図11）。

以上のように、一時間弱の間に一キロ四方の数箇所を自動車で移動し、系譜・血縁関係のはっきりした世代が葬られているトーシー（当世）墓から、按司の時代や戦中などの過去の地域（ムラ）の先祖を拝む。トーシー墓だけを墓参りの対象にしようとする意見も出ているそうだが、教育・伝承の機会として按司の墓や戦没者碑を回り続ける必要も説かれている。[31]

五　ま　と　め

自動車社会化を経て日々の生活に自動車が普及した結果、祖先祭祀でも自動車での移動が不可欠となっている。清明の時期の日曜午後に墓参りに向かう自動車が各地で引き起こす清明渋滞は、もはや沖縄の四月の風物詩である。

こうしたことについて、まず復帰前の沖縄における自動車社会化の過程を先行研究と新聞記事・統計資料をもとに葬送・祖先祭祀に関連させて明らかにした。さらにそれをふまえて筆者の調査から、中城村北浜の屋取（ヤードゥイ）集落から首里をはじめ他地区へ自動車で出向く墓参り・ウマチーの事例と、南風原町喜屋武の門中墓地域の村落（ムラ）周辺を自動車で巡る墓参りの事例をあげて分析した。

自動車が普及する前、遠く離れた墓や宗家での祖先祭祀へは供え物を担いで徒歩で出向いていた。その当時、祭祀に出向けるのは体力のある青年だけであり、一家・門中・地域を代表して歩いて祖先祭祀に向かっていた。そこから自動車社会化を経ることで、祖先祭祀を担う世代にもたらされた変化には二通りある。すなわち、①自動車のおかげで親戚一同が老若男女揃って行事に参加できるようになったことと、一方で②自動車のせいで行事の世代交代が進みにくくなったことである。

確かに、年少者や高齢者など体力のない世代も含めて親戚総出でピクニックのように墓参りに出向けるようになったのは自動車のおかげである。その結果、今日も行事に参加している高齢者の中には、若い頃に徒歩での清明祭の墓参りや仏壇（香炉・位牌）の拝みを経験し、今なお参加し続けている人が見受けられる。このことが、子や孫とともに祖先祭祀に参加し続けたいという年配者本人たちの希望を実現させているのならば非常に良いことであり、本稿で示した一家（一族）総出の墓参りの場では、若い世代に対し墓参りの作法の指導も行われていた。

ところが一方で、体力のない高齢者だけでも離れた墓や宗家での行事に自動車で出向けるようになったことが、若者の不参加を許してしまったことも指摘しなければならない。かつては若者が、たとえ祖先祭祀に関心がなくとも、高齢者に代わって行事に出向いていた。しかし今日では、祖先祭祀に熱心な高齢者が若者に代わって行事に参加し続けている。今のところ祖先祭祀を重視する世代が高齢になっても参加することで行事は続いているものの、若い世代への継承・世代交代が進みにくくなっていることが、沖縄の祖先祭祀の現場では問題視されている。

註

（1） 徒歩から自動車への移動手段の変化については四国遍路のいわゆる「車遍路」に関して論じられている。坂田正顕「現代遍路主体の分化類型としての『徒歩遍路』と『車遍路』—現代遍路調査によるその実像」（『社会学年誌』四〇、一九九九年）は徒歩遍路と車遍路の体験を比較し、たとえば前者では道中修行で後者では霊場修行で充実感が得られるなど表層的な分化にとどまらないことを明らかにした。関三雄「四国遍路と移動メディアの多様化—遍路再考」（『社会学年誌』四〇、一九九九年）は交通手段・交通事情の発達にともなう車遍路の展開について電車・路線バスの利用からマイクロバスのツアーへの参加そしてマイカーによる少人数の仲間での遍路（さらにはヘリコプターによる空中参拝）などその移動メディアの多様性を論じた。

（2） 宮城邦治「沖縄の開発と環境保護—生き物の視点から—」（沖縄国際大学公開講座委員会編『世変わりの後で復帰四〇年を考える』〈沖縄国際大学、二〇一三年〉）。

（3） 宮城前掲註（2）。

（4）長嶺操「糸満漁民の分村と墓―八重瀬町字港川の場合―」（『沖縄民俗研究』三〇、二〇一二年）。

（5）長嶺前掲註（4）。さらに津波高志『沖縄側から見た奄美の文化変容』（第一書房、二〇一二年）も奄美大島の葬送の変化を見るに当たって交通網の整備という社会変化に注目している。奄美大島が日本に復帰したのは一九五三年で、一九六一年に「県道の湯湾思勝名瀬線が開通し、名瀬から大和浜までバスの運行が開始された」「それまでは名瀬と大和村を結ぶ交通手段はポンポン船しかなかった」。船で片道一時間半（冬の天気の悪い日は半日かけて徒歩）の行程が、バスの開通によって三〇分に短縮されたという。

（6）加藤正春『奄美沖縄の火葬と葬墓制―変容と持続―』（榕樹書林、二〇一〇年）。

（7）堀場清子「洗骨廃止の悲願」（『イナグヤ　ナナバチ―沖縄女性史を探る―』〈ドメス出版、一九九〇年〉）。

（8）赤嶺政信「奄美・沖縄の葬送文化―その伝統と変容―」（国立歴史民俗博物館編『葬儀と墓の現在―民俗の変容―』〈吉川弘文館、二〇〇二年〉）。

（9）加藤前掲書註（6）。

（10）いなんせ斎苑は沖縄県の南部広域市町村圏事務組合が運営する火葬場で二〇〇二年に供用が開始された。大人の使用料金は、那覇・浦添市内が二万五〇〇〇円、その他圏内（糸満市、豊見城市、南城市、南風原町、与那原町、久米島町、渡嘉敷村、座間味村、粟国村、渡名喜村、北大東村、南大東村）は五万円、南部広域市町村圏外は六万円である。なお、適用区分として大人（満一二歳以上）以外に小人（満一二歳未満。那覇・浦添＝一万五〇〇〇円、圏内＝二万五〇〇〇円、圏外＝三万円）、死産児（那覇・浦添＝八〇〇〇円、圏内＝一万五〇〇〇円、圏外＝一万六〇〇〇円）、さらに改葬遺骨（那覇・浦添＝一万円、圏内＝一万八〇〇〇円、圏外＝二万円）、戦没者遺骨（一袋＝一万円）の料金が設定されている。

（11）「以前の安謝火葬場（那覇市）では火葬に二～三時間ほどかかっていたから、大幅な時間短縮である。このため、以前ならば参列者は火葬の間一度喪家に戻っていたが、いなんせ斎苑ではその必要がなくなった。斎苑にはそのための待合室が設けられている」(加藤前掲書註(6))。
(12) 葬式後の供養は、四十九日までの七回のナンカスーコー(七日焼香)のあと、「ヒヤッカニチ(百日目)とニンチスーコー(年忌焼香)がある。ニンチスーコーは、イヌイ(一年忌)、ンチュヌイヌイ(三年忌)、シチニンチ(七年忌)、ジューサンニンチ(十三年忌)、ニジューグニンチ(二十五年忌)、サンジューサンニンチ(三十三年忌)の六回行われる」(名嘉真宜勝「沖縄の葬送儀礼」〈渡邊欣雄編『祖先祭祀』凱風社、一九八九年〉)。
(13) 本稿では仏壇(ブツダン)で統一したが、代数を経た家では位牌のほかに香炉が祀られ神棚(カミダナ)とも呼ばれる。「位牌に名を記された先祖はせいぜい二十代以内である。位牌以前の先祖は父系親族の宗家『ムートゥ』の神棚でまつられる。名も知られていない遠祖は神棚の香炉をとおして、抽象的な祖神『ンチャンウヤフジ』(お神となられた祖先)として合祀される。それゆえに神棚と呼ばれるのである。位牌と神香炉は、個性的な祖先と抽象的・集合的な祖神、一族の分節と宗家の関係、に対応している」(平敷令治「沖縄の位牌祭祀」〈沖縄国際大学南島文化研究所編『トートーメーと祖先崇拝—東アジアにおける位牌祭祀の比較—』沖縄タイムス社、一九九四年〉)。
(14) 小川徹「『家風祭典』が語る清明祭受容の顚末」(『近世沖縄の民俗史』〈弘文堂、一九八七年〉)。
(15) 十六日祭(旧暦一月一六日)と清明(新暦四月五日頃)では年によって間隔が異なる。旧暦一月はおおよそ新暦二月頃(たとえば二〇一四年の旧暦一月一六日は新暦二月一五日)なのだが、二〇一五年の旧暦一月一六日は新暦三月六日で、新暦四月五日頃の清明とは一ヵ月しか隔たっていない。
(16) 大宜味村喜如嘉における火葬第一号は、火葬場の落成祝賀会(一九五一年一二月)の六日後、一九五二年一月二日に亡くなった八五歳の女性だった。もし第一号が若い人だったらタタリと受け止められ利用が続かなくなると心配されていたが、高齢の女性であり、その火葬骨が白くきれいであることで皆が満足し、火葬場の利用が進んだ(堀場前掲註(7))。この経緯を尾崎は「納得の論理」として論じている(尾崎彩子「洗骨から火葬への移行にみられる死生観―沖縄県国頭郡大宜味村字喜如嘉の事例より―」〈『日本民俗学』二〇七、一九九六年〉)。

(17) 喜屋武の最初の火葬者は一九五八年(昭和三三)の野原廣吉氏で、本人の遺言によるものだった。四キロほど離れた真玉橋付近の南部地区の火葬場で行われた。この頃、中城村北浜ではまだ火葬導入前だったので、那覇などの都市部や公設の火葬場から近い南風原町と、やや離れた中城村の火葬導入の差が確認できる。

(18) 自家用以外の区分には「営業用」「外人用」「官庁用」があり、たとえば一九六三年『琉球警察統計書』の記録では自家用七八%、営業用一二%、外人用八%、官庁用二%という割合だった。

(19) 乗用自動車数はずっと増加傾向が続いた。一九六〇年代から小型四輪が著しく増加する一方で普通自動車数の台数は一九六〇年代中頃に減退した。

(20) 県人口の推移(『沖縄県人口の推移(明治三六年以降)』〈沖縄県企画調整部統計課資料係、一九七四年〉)と比べると免許保有者数の増加傾向は人口増加傾向と比べて著しかったことがわかる。

(21) 二〇一三年六月の統計資料(http://www.pref.okinawa.jp/toukeika/so/so.html)から算出してみると、県人口一四一万四八八三人、自動車保有台数(総計から被牽引牽引車、小型二輪車を引いた台数)は一〇二万五五四台で、一台あたり一・四人である。

(22) 二〇一三年六月の統計資料から算出してみると、乗用車(普通および小型)は三五万八五四三台で、一台あたり約四人である。

(23) 中城村と北中城村は王府時代には中城間切で、明治時代に中城村になった。しかし第二次世界大戦後に字久場に久場崎引揚民収容所が建てられ、ここインヌミ(美里村高原。現・沖縄市)の引揚民収容所に一七万人の海外からの引揚民が収容された。この引揚民収容所によって分断されたため、旧中城村は、中城村と北中城村という別の行政村となって現在に至る。

(24) 第二次世界大戦末期のいわゆる沖縄戦では、中城村内でも中城グスク一帯、北上原、南上原(現・琉球大学周辺)、和宇慶で激しい戦闘が行われた。一九四五年(昭和二〇)四月一日に米軍の上陸を受けて首里城にある日本軍司令部が「大謝名(宜野湾)―和宇慶(中城)ライン」を前線に設定したからである。その前線は突破され、主戦場は沖縄南部(島尻)に移った。中城村民は激戦区となった島尻に避難していて、避難先でも大勢の死者が出た。生き残った人たちが村に帰ってきたとき、家も畑も何も残っていなかった。

(25) 大正一四年に沖縄県庁学務課の島袋源一郎が各町村にある尋常高等小学校などの学校長宛に依頼して字名・屋取名について回答を集めたもの。回答書はいずれも便箋に縦書きだが書式は統一されておらず、載せられた情報は執筆者ごと異なる。「字」(琉球王府時代に成立した古村＝ムラ)、「小字(土地整理後行政区域トサレタルモノ)」(屋取集落由来の新村)、字内にある「所属屋取」(字として独立していない屋取集落)が記されている。

(26) 大正八年に国土地理院が地図を作成する前段階として作成した調書。国土地理院所蔵。地名の前に「字」と付されたもの(古村)、付されていないもの(新村)、「字ニ属スル部落」(屋取集落)に分類されている。

(27) 南風原町の喜屋武は『死・葬送・墓制資料集成』での沖縄県の調査対象地域だった。赤嶺政信「沖縄県」(国立歴史民俗博物館資料調査報告書一〇『死・葬送・墓制資料集成　西日本編2』〈国立歴史民俗博物館、二〇〇〇年〉)、赤嶺前掲註(8)。

(28) 今尾恵介『日本鉄道旅行地図帳　全線・全駅・全廃線12　九州沖縄』(新潮社、二〇〇九年)。

(29) 「県下の広い範囲にわたって、いまでも墓にはフィザァイ、ヒジャイなどと通称される守墓神がいると考えられている。私は、この神は中国の后土神に淵源をもつと考えている。その称呼は、墓の向かって右隅(墓からみた左隅)にいると考えられているところに起因する俗称」(窪徳忠「清明日の墓参について」〈渡邊欣雄編『祖先祭祀』凱風社、一九八九年〉)。

(30) この家の仏壇は、小宗家の当代の世帯につながるものと、小宗の初代以降枝分かれした門中のものに分かれている。ウマチーの行事で祭祀の対象となるのは後者である。

(31) なお南風原のムラのウマチーは井戸や古い家などを含む集落内の聖地をムラ内の門中ごとに徒歩で巡回し、幼い子どもたちも参加する。

参考資料

『沖縄県交通白書』昭和五八年版、沖縄県警察本部。

『沖縄県人口の推移(明治三六年以降)』一九七四年、沖縄県企画調整部統計課資料係。

『沖縄県註記調書』一九一九年、国土地理院蔵。

『琉球警察統計書』一九六三年版、一九六七年版、一九七一年版、琉球政府警察局。

列島の民俗文化と比較研究

小川直之

はじめに

歴博映像フォーラム9「日本各地の盆行事と葬送墓制の最近の変化」は、国立歴史民俗博物館が平成二十五年度に制作した民俗研究映像「盆行事とその地域差――盆棚に注目して――」「土葬から火葬へ――両墓制の終焉――」を巡って開催された。死者の魂や先祖霊をどのようにまつるのかということでは、これら二本の映像は結びつきをもっているが、研究映像として表現された主題は、その標題からうかがえるように、前者は盆棚《ぼんだな》など盆行事の地域差について実態を映像で示しながらその意味を明らかにすることを目的とし、後者は一九六〇年代（昭和三十五～四十四）に急速に普及する火葬などによって墓をめぐる習俗がどのように変化変容したのかを映像で叙述するのが目的となっている。

筆者は、これら映像と四名の方々による講演に対するコメントを行った。その内容は、盆行事の地域差に対する研究映像で示された見解に対することと、葬送《そうそう》の最近の変化には、火葬や葬儀の斎場利用という外的要件と葬儀に携わる近隣者の意識という内的要件の両面から捉えていく必要があるということだったが、本稿では前者のコメントを骨子として、新たにいくつかの具体例をあげて民俗学から日本列島の文化的版図はどのように描けるのかについて述べておきたい。

(1) 盆の精霊祭祀——比較研究法の再検証

民俗研究映像「盆行事とその地域差——盆棚に注目して——」の要点は、歴博映像フォーラム9の内容紹介として作成された『日本各地の盆行事と葬送墓制の最近の変化』の趣旨説明（関沢まゆみ執筆）に、次のように解説されている。

最近では、盆棚の設営と墓参習俗と霊魂感覚をめぐる地域差について、日本列島の広がりの上からみると大きく三つのタイプに分けられることが提示されています。その三つのタイプとは、A：先祖・新仏・餓鬼仏の三種類の霊魂の性格とそれらをまつる場所とを屋内外に明確に区別してまつるタイプ（中心部の近畿地方に顕著）、B：それらを区別しないで屋外の棚などでまつるタイプ（中国、四国、東海、関東などの中間地帯に多い）、また、C：それらを区別せずにしかも墓地に行ってそこに棚を設け飲食をするなどして死者や先祖の霊魂との交流を行なうことを特徴とするタイプ（東北、九州などの外縁部にみられる）、です。本研究映像では、第一に、このような盆行事の日本各地の伝承実態とその地域差の意味について、映像論文というかたちでその解読を試みます。(1)

この解説は、関沢による「「戦後民俗学の認識論批判」と比較研究法の可能性(2)——盆行事の地域差とその意味の解読への試み——」をもとにしていて、この論文では、盆にまつられる精霊《しょうりょう》をめぐる研究史を整理した上で具体事例をあげて前記の三タイプを導き出している。研究史の再検討で真摯に受けとめなければならないのは、柳田國男《やなぎたくにお》の『先祖の話』における盆の精霊祭祀の理解である。それは、現在の盆の精霊には本仏《ほんぼとけ》、新仏《あらぼとけ》、無縁仏《むえんぼとけ》の三種が含まれているが、本来、盆にまつる精霊は本仏であって、外《ほか》精霊《じょうりょう》とか御客仏《おきゃくぼとけ》、無縁様《むえんさま》などと呼ばれる無縁仏は、「わが国固有の先祖祭思想の、おそらく予期しなかった新しい追加である」と、無縁仏が盆の魂まつりに加わるようになったのは後のことであるという。また、新仏をアラソンジョとかワカジョウロ、新精霊《にいじょうりょう》と呼ぶのは、本来は「荒忌《あらいみ》のみたま」のことであったが、「盆の魂棚は特にそのためのものを美々しく飾り、またはただその場合のみに精霊棚をしつらえるという土地も処々にあって、そういう家々では、もう精霊という語を新亡のことだと、解していた者も少なくはない。これが日本国民の先祖思想に対して、かなり大きな変動を導いている(3)」と、新仏が盆の精霊に加わったのも後の変化だといっていることである。

つまり柳田は、盆にまつられる精霊には本仏、新仏、無縁仏の三種があるが、新仏や無縁仏をまつるようになったのは後のことだというのであり、無縁仏をまつるようになったのは、次のような経緯に基づくとしている。

過去の歴史を振り返ってみると、今とはちがってわずかな戦乱があっても人が四散し、食物の欠乏が少し続けば、道途の上に出て斃《たお》れ死ぬ者が多かった。家の覆没して跡を留めぬものも、算えるに遑《いとま》なき実状であったのである。先祖は必ず子孫の者が祭るということを知り切っていた人々は、このいわゆる不祀の霊の増加に対して、大きな怖れを感ぜざるを得なかった。国家及び領主たちが、家の永続ということに力を入れたのも、一つにはこの活きている者の不安を済《すく》うためであったが、実際は思ったほど目的が達し得られなくて、かえって仏教を頼んで亡霊を遠い十万億土へ送り付けてしまうことを、唯一の策とするようにもなったのである。しかもその方法もそう容易なものと考えられなかったために、古来の我々の先祖祭は、大へんに煩わしいものとなり、毎年この季節が来るとさまざまの外精霊、無縁ぼとけ等のために、別に外棚《ほかだな》、門棚《かどだな》、水棚などという棚を設け、または先祖棚の片脇に余分の座をこしらえて、供物を分かち与えることを条件としなければならぬようになった(4)。

柳田の見解に判釈《はんじゃく》を加える必要はなかろうが、研究映像でも、盆に先祖霊と区別して無縁仏の祭壇を特別に設けてまつることは、近畿地方を中心とする地域で行われていることから、戦乱・飢饉といったその祭祀要因はともかくとして、柳田がいうように盆の先祖祭祀に、後に付け加わった新たな習俗であると解釈している。後で取り上げるように、盆棚の設営と盆の墓参についての前記のA、B、Cの三タイプは、日本列島内において南北外縁部にCタイプが存在するという周圏的なあり方をしていて、その習俗の分布状況は歴史情報として読み取れ、変遷過程を示すとするのである。

柳田は、盆にまつる新仏については、「盆が元来は死に対する我々の怖れを、鎮め和《なご》めるための式だったことは確かだが、結果はやや意外にも一段と死ということを忌み嫌わしめた」のであり、「その半分の原因は新精霊、すなわち死んでまもない身うちの者の祭のみに、あまり力を傾け過ぎたことにもあるのだが、それも間接には統御せられぬ亡霊というものの、怖ろしさを教えられた結果であった。「合邦《がっぽう》が辻」という浄瑠璃の文句の中に、死霊は血縁の近いものほど怖ろしいということを説いている」「少なくとも日本では、もとは決してそんなことを言わなかったはずで、現におくつきの近くに喪屋《もや》を建てて住み、また亡骸《なきがら》に添い寝をする風習なども、形ばかりはまだ稀に残っている(5)」と、一つには死霊畏怖観念の成立と結びつけて説く。さらに、

新たに世を去った人の喪の穢《けが》れを、すでに清まわったみたまの祭に近づけまいとした心遣いは、今でも荒棚の構造の上に現れていて、あるいはこの棚を軒の端に設けたり、またはわざと今年竹《ことしだけ》を柱に用いて、それを青葉で包んだり、なるべく常の魂棚とちがえようとする例もまだ多いのだが、後々はこれを法事の一つのごとく、親戚故旧が力を貸すようになって、いわゆる新盆の供養が盛んになって来た。死穢《しえ》の恐怖が我々の弱みであり、それが同時にまた念仏宗門の、浸潤する

機会でもあったことは疑われないが、さらに他の一方には無縁の遊魂と対立して、特にわが家のほとけを款待《かんたい》しなければならぬという心持、ことに肉親の尽きざる哀慕が、次第にこの風習を助長したものと思われる。(6)

と説明している。

柳田が『先祖の話』で説く盆にまつる三種の精霊について、長い引用も含めて確認してきたが、それはこの映像論文は、その制作者である関沢まゆみ自身の「「戦後民俗学の認識論批判」と比較研究法の可能性――盆行事の地域差とその意味の解読への試み――」をもとにしており、論文と映像論文の意図には「柳田國男が構想していた民俗学の基本であった民俗の変遷論への再注目から、柳田の提唱した比較研究法の活用の実践例(7)」の提示が含まれているからである。

比較研究法活用の実践例の基点になっているのが、ここで確認した柳田の盆の精霊をめぐる学説である。柳田は、本仏と新仏、無縁仏を屋内外に区別してまつる地域の広がりについては言及していないが、盆にまつる精霊とその祭場の変化、変遷に関しては、各地の伝承事象の比較研究をもとにしていることは確かで、これに対して関沢は「本稿の追跡結果と一致するといってよい(8)」とその妥当性を認め、研究をさらに前進させているのである。

関沢は日本各地の盆にまつられる精霊や盆棚の設え、墓参のあり方などの比較研究から、盆行事の地域差は次の三類型にわけて捉えることができるという。これが先にあげたA、B、Cの三タイプであるが、「「戦後民俗学の認識論批判」と比較研究法の可能性――盆行事の地域差とその意味の解読への試み――」では次のように説明する。やや長いが引用しておく。

第一類型は、屋内に盆棚を設けるとともに屋外の墓地に盆棚を設けるタイプで、墓地への墓参とともに墓地での飲食による生者と死者との交流をはかっているタイプである。その分布は近畿地方からは遠く離れた東北と南西の両方、つまり秋田県、青森県、岩手県などの東北地方と、熊本県、鹿児島県などの九州地方にみられる。

第二類型は、屋内の仏壇で先祖をまつるとともに屋外の庭先などに盆棚を設けるタイプで、先祖・新仏・餓鬼仏の区別をとくに意識しないタイプである。その分布は兵庫県、岡山県、愛媛県、徳島県、また三重県、愛知県、静岡県、神奈川県など、近畿地方をはさんで東西の中間地帯にみられる。

第三類型は、先祖・新仏・餓鬼仏を明確に区別し、まつる場所も先祖は屋内に、新仏は縁側や軒先に、餓鬼仏は屋外にと三者をはっきりと区別しているタイプで、死穢の場所とみなされている墓地での飲食など考えられないようなタイプである。その分布は京都府、大阪府、奈良県、滋賀県など近畿地方を中心にみられる(9)。

第一類型が先にいうCタイプ、第二類型がBタイプ、第三類型がAタイプである。このように類型化した上で、この類型は地域差として存在しており、この差異は歴史的な交流とその影響によって形成されたことが想定できるという。つまり、第一類型にみることができる「①墓地をとくに忌避せず家屋敷にも近く設ける。②墓地に往来もしくは庵居して死者をねんごろに供養する。③墓地で死者のために飲食物を供えたりともに飲食して交流する」[10]ような墓参習俗は、平安貴族たちの間で極端に忌避される触穢《しょくえ》思想《しそう》が広がる以前は、死者を家屋敷の近くに葬ったり、墓地に庵をむすんで死者を偲んだりすることが畿内でも行われていたのが文献記録から確認でき、第三類型のような盆行事は触穢忌避観念のひろがりのなかで形成されたと考えられるとしている。その結果、盆行事の変遷は第一類型が古いもので、その後第二類型が生まれ、第三類型がもっとも新しい習俗といえ、この変遷過程が地域差として分布の上に現れているという。

(2) 研究映像「盆行事とその地域差」の評価

従来の盆行事の研究は、盆にまつられる本仏・新仏・無縁仏という精霊の属性と、その祭場である盆棚のありようを論点としたものが大半だったが、関沢が研究映像と論文で示した盆行事の比較研究は、東北地方と九州南部における盆の墓前飲食習俗、近畿地方における墓参忌避と三種の精霊祭祀という、大きな地域的差異への注視、そして、これらと触穢思想を連関させた分析が重要な点である。こうした比較指標を設けることによって、今まで見えていなかった地域差が明確になり、この地域差が盆にまつる精霊と行事のあり方の変遷を示していることを提示してくれたといえよう。これまでの盆にまつる精霊とその祭場についての説明は、たとえば福田アジオほか著『知っておきたい日本の年中行事辞典』では、「盆に訪れる精霊は、家の先祖と新仏と無縁仏に分かれるとされ、従来、清まった先祖の霊は室内で、不安定で荒々しい新仏と無縁仏は縁側や軒下で祀ると解釈されてきた。ただ、そうした差や傾向はある地域内ではみられても、全国的に眺めれば、盆棚の設置場所はさまざまで共通する特徴をもたないことがわかってきた。これは、家の外で祀られていたものが、位牌と仏壇の定着にともなってしだいに家の中へと移ってきた過程で生じた多様性を示すものではないかと説かれている」[11]としているが、前記の三類型が明確になった現時点では、さらに踏み込んだ解説が可能である。

また、盆の墓前飲食習俗に着目することで、先祖や死者霊との共食という日本の神霊祭祀の特質も浮き彫りになった。このことは別途論理立てを行わなければならないが、それは「まつり」ということをどのように理解するかということでもある。「まつり（まつる）」の語原説には、「つかえまつる」（本居宣長《もとおりのりなが》『古事記伝』）、「いはひまつる」（『大言海』）、「まつらふ」（『神道事典』）[12]などいくつもがあるが、折口信夫《おりくちしのぶ》は「村々のまつり　祭りの発生　その二」で「今までのところでは、まつりの語原が、あまり説き散されて、よしあしの見さかひもつきかねる程になつてゐる。其中では「祭りは、献《マツ》りだ。政は献《マツ》り事《ゴト》だ」と強調して唱へられた、先師三矢重松博士の考へが、まず、今までの最上位にある」[13]という。また「祭りの話」で「神を祭ると言ふ事と、神にものを献上すると言ふ事とが、もとは一つであると言ふ事は、少し説明が要る。けれども、其説明は簡単である。神に物をさしあげる儀式が、即、我々の考へる祭りであつて、献上の形式が、祭礼を意味するまつりの内容になつてゐるのである」といい、さらに「まつりごととは、服従を誓ふ為に作つた神の食物を奉る為の儀式を行はしめる事である。訣り易く言へば、まつりごととは、租税を徴発すると言ふのと、結局はひとつの意味になつて了ふ」と説明している。折口は「まつらう」は「献上物をすると言ふ事が、服従、奉仕の意志を正しく示すと言ふ事になるのであつて」、「まつる」から分化した語であるともいう(14)。

折口は来臨する神に食べ物を献上することは、神人共食《しんじんきょうしょく》の「饗宴《きょうえん》」(15)であるとも説明している。「まつり」を以上のように理解するならば、まさに東北や九州地方で盆に行われている墓前飲食は「まつり」の典型例といえる。ただし、今回の研究映像や論文ではそこまで言及されていないが、盆の先祖霊への献供《けんぐ》や共食と、無縁仏への献供とは意味が異なり、三種の精霊の峻別とともに今後、事例検討が必要となる。

盆の無縁仏への献供は、柳田國男は『先祖の話』のなかでマツリとホカイを区別していて、マツリは先祖霊への供御《くご》であるのに対し、ホカイは「心ざす一座の神または霊のみに、供御を進めるだけの式ではなく、周囲になお不定数の参加者、目に見えぬ均霑者《きんてんしゃ》ともいうべきものを、予期していたらしいことが推測せられる」(16)といい、折口信夫も「地位の低い精霊に対して物を与えて機嫌をとることもあったが、その場合はたむけ・はなむけ・水むけなどのように「むく・たむく」と言って、「まつり」の範疇に入れなかった」(17)という。柳田がいうホカイ、折口がいう「むく・たむく」対象については、すでに田中宣一が日本の祭りがもつ構造的原理を考察するなかで、盆の三種の精霊についても検討を加えており、[18] これは触穢思想の広まりだけでは解釈しきれない、日本人の神観念の本質にかかわる問題であることを示唆している。

ただし、「まつり」の対象であるにしても、ホカイ、「むく・たむく」対象であるにしても、食物が献ぜられていることは共通しており、ともに対象となる神霊は、まつる人間と同様に空腹になり、喉《のど》が渇く存在と考えられていて、日本人の神霊観は、あくまでこれをまつる人たちからの発想によって形成され、この人たちと同一線上にある存在と意識されているのがわかる。盆行事のなかに生きている親への供御である「生御魂《いきみたま》」があるのは、こうした神霊観に根ざしているといえよう。

(3) より豊かな比較研究をめざして

以上が関沢による映像論文と「「戦後民俗学の認識論批判」と比較研究法の可能性――盆行事の地域差とその意味の解読への試み――」に対して評価できる点であるが、これらには、今後明らかにしなければならない明確な課題がいくつか存在している。それは事象の捉え方や論理立てに関することもあるが、ここで取り上げておきたいのは、喫緊《きっきん》な課題である、今の民俗学が一つの学術分野としてどのような有用性をもつのか、どのような独創性を提示できるのかとも結びつくことである。

取り上げておきたい課題というのは、第一には、関沢もあげている比較研究の精緻化である。そして第二には、関沢はこの映像論文解説で「盆棚の設営と墓参習俗と霊魂感覚をめぐる地域差について、日本列島の広がりの上からみると大きく三つのタイプに分けられることが提示されています」といい、論文でも同様な認識を示しているが、果たしてここで扱われている事象の領域は「日本列島」といえるのかという、列島認識をめぐる問題である。

一 比較研究の精緻化——比較のための指標設定

関沢も論文の「おわりに」で、「民俗情報を収集して比較していく上での「画素」としてはまだ粗いが、より精緻化していくために、より詳細な事例情報の集積を行なうことが今後の課題である[19]」というように、比較研究の結果をより綿密なものにするためには、さらなる事例集積が必要になることはいうまでもない。具体的には、盆にまつる精霊や盆棚の設え、墓参のあり方などの比較研究から導き出された盆行事の地域差の把握は、第一類型は秋田県、青森県、岩手県などの東北地方と熊本県、鹿児島県などの九州地方、第二類型は兵庫県、岡山県、愛媛県、徳島県、三重県、愛知県、静岡県、神奈川県など、第三類型は京都府、大阪府、奈良県、滋賀県など近畿地方という段階である。

こうした地域差の把握は、過去の民俗調査記録と、これをインデックスとしての執筆者自身の調査結果に基づいているのであり、こうした方法での全国的様相の把握は有効といえる。その上で、比較研究法によって盆行事とその地域差という命題に迫ろうとした場合、もっとも重要となるのは、地域的な異同を捉えていく分析指標である。柳田が説き、その後の盆行事研究においても踏襲されてきた盆にまつる精霊の種類――盆行事の祭祀対象だけを指標（指標A）にして比較を行うのか、そうではなくこれに加え、本仏・新仏・無縁仏という精霊をまつる盆棚の場所を組み合わせて指標（指標B）とするのか、さらにこれらに盆の期間の墓参や墓前飲食の有無を加えて分析指標（指標C）とするのか、その比較分析の指標の取り方はいく通りもある。

分析指標を定めて習俗の全国的な比較研究を行い、一定の成果をあげている従来の研究にはいくつかがある。しかし、そのなかでも伊藤幹治は、日本と沖縄の稲作儀礼の研究を行った『稲作儀礼の研究』で、自らの研究を「稲作儀礼の構成原理を摘出するためのひとつの方法として、古典的な進化主義人類学の《要素分解主義》を採用したのも、こうしたずれを整合するための方法論上の配慮によるものだった。現在、この方法が適切だったとは考えていない。方法論的な検討を加える必要があるとさえ思っている」[20]と、自分の研究を振り返って、この方法が苦肉の策であったと述懐している。伊藤がいう「ずれを整合するため」というのは、次のような理由によるという。

稲作儀礼の資料を分析しながら痛感したことは、ほとんどの資料が記述的な統合を欠いていたということである。率直にいって、稲作儀礼の問題を総体として理解しようとしたわたくしの意図に応えうる資料は、ごくわずかなものにすぎなかった。本書のなかで取り扱った稲作儀礼と集団との関係という問題になると、積極的に利用しうる資料は皆無にひとしかった。[21]

伊藤のこの著書のもとになったのは、一九六二年（昭和三十七）の「稲作儀礼の類型的研究㈠　日琉基層文化の構造」（『日本文化研究所紀要』第一〇輯）と一九六三年の「稲作儀礼の類型的研究㈡　日琉基層文化の構造」（同　第一二輯）という論文であり、分析指標を定めて儀礼の全国比較を行い、そこから稲作儀礼の構成と地域差を析出し、特に日本と琉球における稲作儀礼の構成原理が比較検討されている。個別稲作儀礼の地域差を明らかにし、そこから儀礼の変遷を求める研究ではないが、昭和三十年代後半の時点では、伊藤が求める命題に対して比較検討に耐えうる質をそなえた資料報告はほとんどなかったのである。

伊藤のいっている資料の質の問題を、先の盆行事とその地域差を求めるための分析指標でいうなら、指標Aによる比較に耐え得る資料は多くがあるが、指標Bから指標Cへと複数の指標を組み合わせた比較研究になると、比較に耐え得る内容をもった資料は次第に少なくなり、意図した研究は行えないということである。しかし、伊藤が日本と沖縄で稲作儀礼の比較研究を行った時代の後、昭和四十年代後半からは明治百年記念事業などとして、自治体史の編さんが盛んになり、その多くで地域の民俗の実態調査を踏まえた民俗編が作成されている。昭和四十年代にはいくつもの大学に学生主体の民俗学の研究団体が組織され、これによる民俗調査報告書も多く出版されている。やや楽観的かもしれないが、こうした調査研究活動によって、各地域の民俗情報はそれ以前に比べて学問的な質は高まっており、複数指標を組み合わせた上での分析がある程度可能な状況にあると思われる。昭和三十年代末には、文化庁による全国各都道府県で三〇地点を選んでの、同一質問項目による緊急民俗調査が行われ、その結果は『日本民俗地図』全一〇巻として刊行されていて、これは各地域の民俗情報を捉えていく際のインデックスとして利用できる。

二　比較を行う地理的メッシュを細かくする

比較研究の精緻化というのは、一つには前節で述べた比較分析の指標の取り方の問題であり、もう一つは比較を行う地理的なメッシュをさらに細かくしていくことである。比較を行う分析指標は、単純に一つの指標であるなら、その事象だけを摘出するだけになり、本来、いくつもの事象が組み合わさって成立している民俗を伝承実態から切り離しての比較になってしまう。複数の指標を組み合わせての比較分析は、複雑で高度なものになるが、より伝承実態に即したものとなり、適切といえよう。関沢による、盆行事とその地域差についての映像論文と論文は、先の比較の分析指標でいえば指標Cにあたるものであるが、この指標の組み合わせを変えての比較を行うことで、比較研究はより緻密なものとなる。

比較を行う地理的なメッシュをさらに細かくすることをいくつかあげておくと、たとえば青森県の南部地方では盆の墓参りのことをホゲとかホガイと呼んでいて、田子町《たっこ》根渡では十四日と十五日の夕方に、天ぷら、煮染め、テン、コンニャク、野菜料理とアワバナ、ナデシコ、ミソハギ、キキョウなどの花を墓に持って行って供え、墓の両端でマツアカシ（松灯）を焚く。七戸《しちのへ》町の旧天間林《てんまばやし》村榎林地蔵堂では、十三日に墓の前に柴で棚をつくり、十四日朝には棚の上にコモを敷き、その上にケバと呼ぶカシワの葉の上に菓子、果物、フカシ（強飯）、煮染めなどを載せて供え、さらにジュースや盆花をあげたという(22)。青森県は盆に墓前飲食を行う第一類型の地域であり、このことから考えると、右の田子町や七戸町で墓に煮染めや天ぷらなど、いわゆる熟饌《じゅくせん》を供えるのは、墓前飲食に準ずる習俗といえよう。なお、これらの地域では盆に無縁仏など、先祖以外の精霊をまつることは行われていないようである。

また、山形県鶴岡市の旧温海《あつみ》町では、盆の墓参りは十三日か十四日に行われ、墓には通常アン餅を供えるが、赤飯・団子などのこともある。同市岩川では餅二個にキュウリ二切れを添える。これを載せる葉は桑、イチジク、葛の葉などの青葉を使う。墓参りにはこのほか盆花、水、灯明、線香なども供える。墓参りに供えた餅は、拝んだあとで、墓の前で子どもたちに食わせる村がある。「この餅をいただくと、夜外に出ても恐ろしくなくなる」とか「勉強がよくできるようになる」などといって食べさせるのである（岩川ほか）。同市戸沢では、墓参りをしていると、村の子どもたちが寄ってきて、墓に供えた餅などをもらって食べたものである。これを「墓の餅取り」といった、という。この地域では、盆にまつる精霊については、「お精霊様」と呼ぶ先祖霊のほか、「盆には、我が家の精霊のほかに無縁の精霊（餓鬼ともいう）も寄り集まって来るものだといわれ、そのためにショウレイダナの一隅に「無縁にあげる」といって、簡単な供物（お膳）をあげる」「墓参りのとき、家やごく近親の家の墓参りが済むと、「無縁にホカイ」といって墓地の隅に立つ南無阿弥陀仏の塔に、持参した餅・キュウリ・花などを残らず供えて拝む（大岩川など）」という。

新盆の精霊については、同市小岩川では「新盆を迎える精霊のある家では十三日の午後、庭先に「青塔婆」を立てる。庭先に杭を打ち、それに十字型をした骨組みの細い木を結びつけ、その上部と横に人形のように青葉のススキを取り付ける。そして灯籠を下げ十三日から十五日まで毎晩明かりをともす。今は、この明かりはロウソクから電灯に変わっている。なお、この青塔婆に水や供物を供えることはない。青塔婆は三年間続ける」という[23]。この山形県庄内地方の旧温海町の場合は、墓にアン餅あるいは赤飯、団子などの熟饌を供えていて、家族や親族ではないようだが、子どもたちが供物のアン餅などを墓前で食べていて、ここも盆の墓前飲食に準ずる習俗を伝えている。これについては第一類型となるが、無縁仏、新盆の精霊も区別して別々にまつっており、これは第三類型ということになる。

比較を行う地理的なメッシュを細かくし、盆行事の類型を帰納していくと、現実的にはこのように、第一類型と第三類型が混合したような盆行事が行われているなど、類型の亜型が出てくるのは必須といえよう。第一類型から第三類型までの三つの型が地域を分けながら広がっているなら、類型の接触地域には亜型が成立するのは当然といえるし、庄内地方である旧温海町の場合は、酒田や鶴岡のように北前船《きたまえぶね》による交流で畿内の文化がもたらされている可能性もある。

九州の例もあげておくと、村松利規による宮崎県の精霊棚の研究によれば、盆の期間に精霊棚を設けて精霊をまつることは小丸川流域以北の県北部に顕著にみられ、その形式は四本柱開放型、四本柱包囲型、軒下吊り棚包囲型など九類型があり、その設置場所は屋外、軒下、内縁、屋内の場合がある。椎葉《しいば》村松尾の下松尾では、四本の竹を立てて棚を設けたものが精霊棚で、これは屋敷に入ってすぐの庭先に玄関と向き合うように作られる。柱には葉付きの竹を、棚板にはモロブタを使う。棚の家屋側に葉付きの竹を二本交差させ、柱の上部には樒《しきみ》を括り付け、棚には香炉と供物を置く。供物はソウメン、カジノキの葉に茅の輪とミズハカリ（キュウリ、ナス、米、小豆）を載せたもので、これに水や茶、焼酎などを添える。棚を作るのは八月十三日で、十五日の夜には「送り精霊」といって、棚の下で火を焚き、次に屋敷の入口、そして墓に至る道筋数カ所でも焚き、棚は十六日に壊すという(24)。精霊棚を作って精霊を迎えていて、ここで火を焚いて精霊送りを行っているので、これが先祖霊の祭壇のようだが、「カワイリの人、すなわち山や川で死んだ人は盆になっても家の中に入ることができないので、ここでまつるのだといっている(25)」という。

宮崎県の精霊棚を設える地域では、本仏、新仏、無縁仏を区別する観念は強くなく、一括して「精霊」と呼んでいるようで、精霊棚を作る場は屋外、縁側、屋内で、関沢の類型でいえば第二類型に分類できる。熊本県阿蘇地方では盆に墓前飲食を行ったことが確認されていて、宮崎県の県北内陸の山地部とは近く、山稜を越えた宮崎県側には墓前飲食の習俗がないのか、気になるところである。

民俗研究の資料となる日本各地の伝承文化についての情報は、雑誌『郷土研究』の発刊からいうなら一〇〇年ほど、雑誌『民間伝承』の発刊からは八〇年ほど、昭和三十年代末の文化庁による『日本民俗地図』となる全国調査、昭和四十年代半ばの市町村史民俗編編さんの活発化からは四〇年ほどが経っていて、民俗情報の蓄積は膨大な量になっている。そのすべてがここでいうような比較研究の資料となり得るわけではないが、これらを参考にしつつ、自らの実地調査を行うなら、日本列島の盆行事に関する地域的異同は、さらに濃い密度をもって捉えることが可能である。

三 日本列島の文化は「日本文化」として一元化できるか

二つ目の課題は、民俗研究における「日本」認識、あるいは日本列島認識に関することである。関沢は前述のように映像論文の解説で「盆棚の設営と墓参習俗と霊魂感覚をめぐる地域差について、日本列島の広がりの上からみると大きく三つのタイプに分けられる」といい、論文でも同様な認識を示しているが、ここで扱われている領域は青森県から鹿児島県までであり、これをもって「日本列島」

と表現しているのである。

　これは明らかな誤りであって、改めなければならない認識といえる。それは何をもって「日本」とか「日本文化」というのかという問いでもある。結論からいえば、映像論文「盆行事とその地域差」で扱われている文化は、列島内の領域としてはヤマト文化圏のことである。「日本」とか「日本文化」を日本という国家の領域とその領域における文化と規定するなら、日本文化には北海道を中心とした領域にアイヌ文化、奄美《あまみ》諸島から八重山《やえやま》諸島にかけての南西諸島には琉球文化が存在している。日本列島という表現を、北海道・歯舞《はぼまい》諸島から八重山諸島まで、つまり日本という国の領域とするなら、この領域にはアイヌ文化圏とヤマト文化圏、琉球文化圏の三つの文化領域が存在しているのである。先にあげた稲作儀礼の比較研究によって個々の稲作儀礼の類型化を行い、その構成原理を検討した伊藤幹治は、稲作儀礼が存在している本州から九州までの、ここでいうヤマト文化圏での稲作儀礼の地域比較と琉球文化圏での地域比較を行った上で両者を対比し、「日琉同祖論の再検討」へと論を進めている。

　考古学者の藤本強は、日本の縄文時代には北海道から南西諸島まで、地域ごとの特色をもちながらも縄文文化として一つに捉えることができる文化があったという。藤本の説明を引くと次の通りである。

　日本列島周辺のアジアの地域にそれぞれの時期にあった文化や社会と比べると、日本列島の縄文時代の文化や社会は一つのまとまった文化や社会として浮かび上がってきます。縄文文化の一体性が目立つことになります。縄文文化の中にみられる違い以上に、周辺地域の文化との違いが際立ったものになります。縄文文化を一つの文化として考えるのがより妥当だとすることができます[26]。

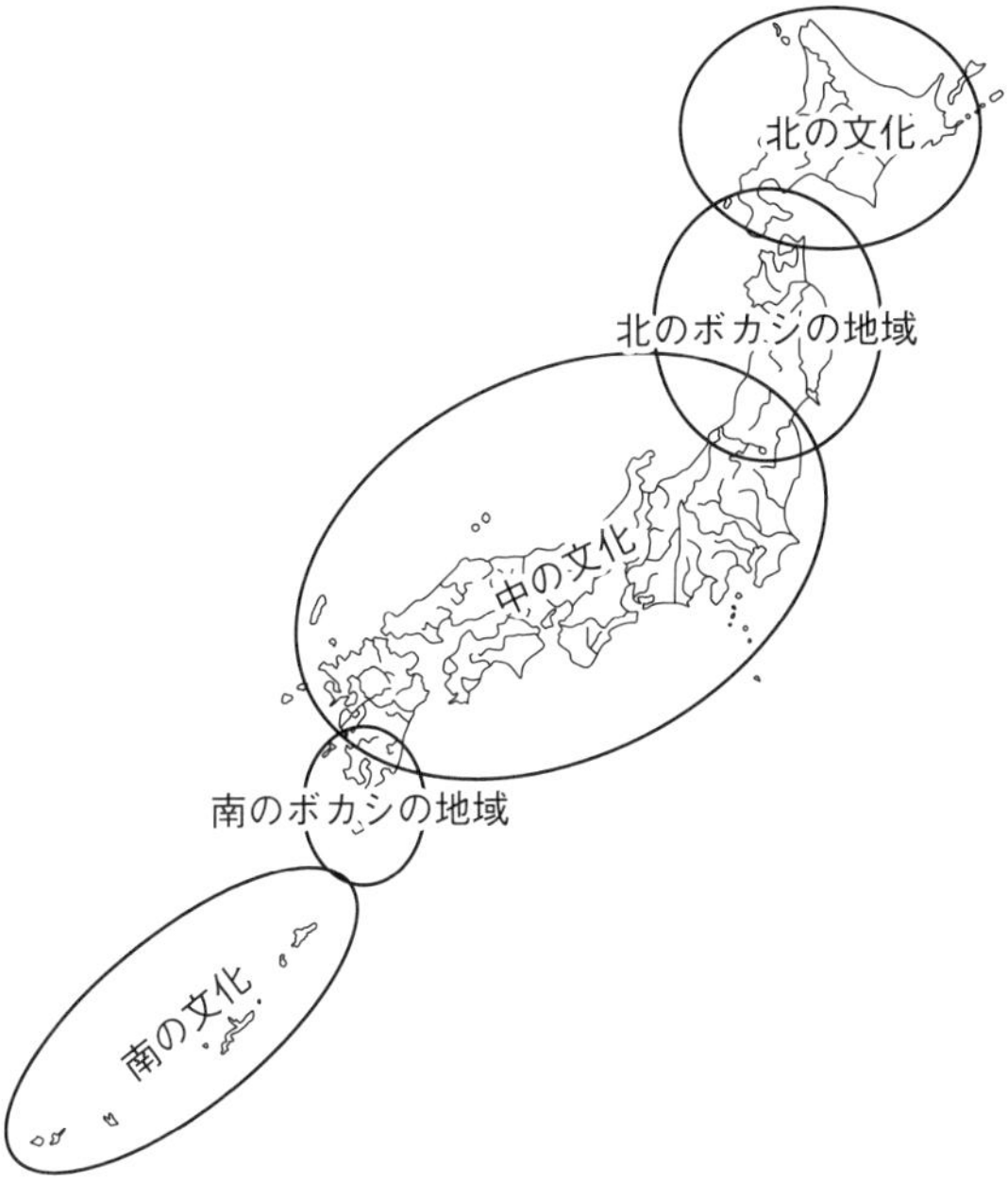

弥生時代以降の日本列島の文化

（藤本強『日本列島の三つの文化』2009年より）

藤本は、しかしその後、「ほぼ二五〇〇年前からの弥生時代以降になると、日本列島にあった文化は大きく捉えると、「北の文化」、「中の文化」、「南の文化」に別れるようになります。これらの三つの文化は、文化のもっとも基本になる暮らし方が違っています」とし、図のように北と中の文化の間には「北のボカシの地域」、南と中の文化の間には「南のボカシの地域」が存在していると説明している。藤本がいう北、中、南の文化の説明は省くが、三者の間にボカシ文化の領域が設定できるとしているのが特色で、ボカシの地域にも独自の文化が形成されているとしている。南のボカシは九州南部と種子島・屋久島などの薩南諸島で、この地域は古代に「中の文化」に形の上では吸収されるが、文化的な伝統は継続するという。北のボカシは東北北部と北海道の渡島《おしま》半島の地域で、ここでは長くボカシの文化を持続し、豊臣政権の時代に「中の文化」社会に組み込まれるという。

さらに藤本は、南、中、北の文化は、日本列島がもつ亜熱帯樹林地帯、常緑広葉樹林地帯、落葉広葉樹林地帯という自然環境と関連することを予測しているが、こうした日本列島の文化領域の存在は弥生時代以降も続き、古代社会においては、「南の文化」をグスク文化、「中の文化」を律令国家《りつりようこつか》、「北のボカシ地域」を蝦夷世界《えみしせかい》、「北の文化」を擦文文化《さつもんぶんか》とオホーツク文化の領域と説明し、近世においては南、中、北を琉球王国、幕藩体制、近世アイヌ文化の領域と捉えている。そして「つい一五〇年ほど前まで日本列島に併存していた「北の文化」、「中の文化」、「南の文化」は文化のもっとも基礎になる暮らし方がそれぞれに異なる文化でした。暮らし方から来る社会の在り方も異なったものでした。とても単一民族、単一国家などと呼べるものではありませんでした。それを無理に合体させたのが、近代国家日本です[27]」という認識を示している。

こうした藤本の列島文化の捉え方については、赤坂憲雄も取り上げ、赤坂は藤本のいうボカシの地域をさらに民俗文化のありようにも求め、いわゆる「中の文化」地域に見られる東西文化差から中のボカシ地帯があることを主張している。(28)赤坂は「列島の民族史的景観」をいかに描くかを、民俗学だけではなく、歴史学や考古学などの成果も取り込みながら模索している。以上のような先行研究からもわかるように、日本列島の文化的版図はどのように描けるのか、という命題に対してはさまざまな文化史学の成果を取り込みながら、民俗学の独自性や独創性を主張していく必要がある。

ここで取り上げた伊藤幹治、藤本強、赤坂憲雄が説く列島文化の版図も、当然ながら再検討しなければならないが、要は藤本がいう「中の文化」領域、つまりヤマト文化圏における習俗の比較研究をもって、「日本列島の広がりの上から」とはいえないのであり、日本列島の文化は、次項で具体例を示すように「日本文化」として一元化はできないのである。

四　日本列島のなかのアイヌ文化圏・ヤマト文化圏・琉球文化圏

前項で述べたことについて、民俗事象から具体例をあげておくと、たとえば正月の雑煮の習俗はアイヌ文化圏や琉球文化圏には基本的には存在せず、この文化はヤマト文化圏のなかで形成、展開したものである。アイヌの正月について久保寺逸彦は「暦といふものもなく、従つて旧年と新年と即ち一年と一年との限界をはつきりさせる事もなく、又生活環境上その必要もなかつたので、我々内地のそれとは大いに趣を異にした。ただアイヌの人達の新春の行事中、内地の正月行事に似通つてやや一致するのではないかと考へられるのは、一月から二月にかけて、先祖の霊を祀るシンヌラッパ（シヌラッパとも）「大祖霊供養」が盛大に行はれた事だろうと思はれる」と説明する。また、二風谷《にぶたに》の二谷国松氏によれば、アイヌには正月はなく、冬至が過ぎて日が長くなれば春先を新年と思って、一月末から二月中にかけて家々では酒を醸して、先祖の霊をまつるシンヌラッパを行ったという(29)。

琉球文化圏の場合は、奄美、沖縄、宮古、八重山諸島とあってこれらの地域によって差異がある。奄美ではたとえば大和村名音《やまとそんなおん》の場合は、正月元日の朝祝いには三献の儀式があって、その後で雑煮と同様な醤油味の餅の吸物（ムチヌスィームン）、刺身、味噌味の豚の吸物（ゥワンスィームン）などを食べている(30)。

沖縄の場合は、赤嶺政信によれば餅を入れた雑煮はなく、「豚正月」といわれるほど豚肉料理が重要で、家単位あるいは数軒が共同して正月用の豚を屠るのが一般的だが、久高島では正月三箇日は豚肉あるいは豚油を使った料理はタブーで、元旦に芋の御願（ンモーカシーヌフェー）があってサツマイモを椀に盛って火の神など家の神々に供えるとともに家族もこれをいただくという(31)。早くに薩摩藩の支配を受けるようになった奄美諸島と、沖縄諸島以南の地域では違いがあり、さらに沖縄、宮古、八重山諸島のなかでも正月の儀礼食には違いがある。沖縄での養豚は十八世紀以降で、豚を使った儀礼食はこれ以後のようだが、沖縄から八重山諸島にかけての地域では餅を入れた雑煮は伝承がない。

このように日本列島における新年の儀礼食を比較すると、アイヌ文化圏、ヤマト文化圏、琉球文化圏には明らかな差異があって、雑煮は前述のようにヤマト文化圏において形成、展開した儀礼食である。そして、ヤマト文化圏においても正月の儀礼食には、いわゆる餅なし正月といわれる餅食を忌避する伝承があり、また、餅の形状には東日本は四角の伸し餅で焼いて汁に入れるのに対して西日本では丸餅を汁に入れて煮る。汁の下地には醤油を用いる地域が多いが、近畿地方を中心とする地域では味噌味、山陰地方や四国東部、畿内の一部などでは小豆汁にするといった地域差が存在している。雑煮は、現行の習俗では具が大根と里芋だけという「お供え雑煮」と、さまざまな具を入れた「もてなし雑煮」の二種が確認でき、後者は文献記録では茶会にともなう会席での料理にもみられ、これが十六世紀後半には正月の儀礼食として広まり、多様な雑煮が成立したといえる。[32]

正月の儀礼食である雑煮はヤマト文化圏にのみ伝承されているが、たとえば妊娠五ヵ月目などに妊婦が腹帯をしめる習俗は、ヤマト文化圏とアイヌ文化圏に伝承されていて、琉球文化圏では行われていない。腹帯の医学的な効果については医学界においても一致した意見はないようで、これは習俗として広まったといえる。アイヌの場合、久保寺逸彦によれば、妊娠二〜三ヵ月目にホン・エ・イノンノ・カムイノミ（受胎の祈り）として、火の媼神《おうなしん》、産神《うぶがみ》、戸口《とぐち》の神、戸外幣壇《こがいへいだん》の四神（大幣の神、森の立樹の神、狩猟の神、水の神）などに酒とイナウ（木幣）を供え、懐妊を告げて妊婦と胎児の健康を祈願する。妊娠五ヵ月目には「着帯の祈り」を行うが、これは「妊婦の腹帯は、夫の（もしくはその父の）褌で、エカシ・テパ（祖翁の褌）と呼ばれるもので、手織りの厚司（アッツシ）布の使って柔らかくなったもの（特に新しく作らない）を使うという。妊婦に腹帯をしてやる女は妊婦の近い血縁の婦人がしめてやり、故老が「受胎の祈り」を行なった時に祈った神々に、胎児と妊婦のつつがなからんことを祈るのである」という。そして、妊娠六〜七ヵ月になるとホン・カシ・チャシヌレ（妊婦の身体を祓い清める儀礼）が行われる(33)。

アイヌ文化においては、出産前の妊娠時に受胎の祈り、着帯の祈りと妊婦の祓えという三段階の儀礼が形成されているのがわかる。このうち着帯の祈りについては、妊娠五ヵ月目ということと、夫の褌を用いるとしていることはヤマト文化圏の帯祝いにもみることができる。これはアイヌと和人との結婚などによって和人の民俗がアイヌの妊娠儀礼として受容された可能性も考えられるが、歴史的な経緯については現時点では不明である。

ヤマト文化における着帯儀礼は、『小右記《しょうゆうき》』の永観三年（九八五）の条にある「以産者腹結絹用之」がもっとも古い記録と思われる。『源氏物語』にも「腰のしるし」「しるしの帯」という表現がある。以後、平安時代末の文献記録に腹帯が登場し、『山槐記《さんかいき》』の治承二年（一一七八）六月二十八日の条には皇后徳子の妊娠五ヵ月目に行われた着帯の儀について、その内容が詳しく記されている。着帯の習俗は公家儀礼が後に民間に浸透したと思われるが、現行習俗での着帯は全国的に五ヵ月目が一般的で、これ以外にも三ヵ月目、四ヵ月目、六ヵ月目、七ヵ月目、九ヵ月目がある。三ヵ月目は全国に点在、四ヵ月目と六ヵ月目は九州北部地域、七ヵ月目は岐阜県から愛知県にかけての中部地方南部に濃く、西日本全域に広がり、九ヵ月目は中部地方南部に限定的にみられる。これを戌《いぬ》の日に行うというのは、文献記録の上では鎌倉時代から多く登場し、現行習俗では一般的である。夫の褌を腹帯とすることも、各地に伝承されていて、この行為は夫の胎児に対する認知とする意見が有力である。(34)

こうした着帯儀礼は琉球文化にはみられないのであるが、奄美諸島では、たとえば徳之島では、妊娠がわかるとワタクンギ（腹締り）を行うが、これは特に何ヵ月目とか日取りを選ぶことはなく、かつてはキュビという細帯をして子どもが生まれるまで外さなかったという。(35)大和村名音では妊娠五ヵ月目の戌の日に腹帯をしめると産が軽くなるという。(36)奄美諸島には広まっているのがうかがえるが、徳之島と大和村の腹帯の伝承は内容が違っていて、奄美諸島にこれが広がる過程で着帯の方式が多様化したことが考えられる。沖縄、宮古、八重山諸島では、妊娠中に妊婦が守るべき禁忌は多く伝えられているが、腹帯を締める習俗はなく、(37)奄美諸島の着帯習俗は雑煮と同じように、薩摩藩の支配下で伝えられた可能性が高い。

この節の最後に盆行事を取り上げると、これはアイヌ文化圏では行われていないが、琉球文化圏にはほぼ全域にわたって存在し、盆行事はヤマト文化圏から琉球文化圏にかけて伝承されている。ヤマト文化圏の盆行事には改めて触れる必要はなかろうが、琉球文化圏の各地の盆行事は、そのあり方をみていくと多様な姿をもっており、改めて全容の把握が必要と思われる。

奄美大島の大和村名音では、ブン（盆）は七月十三日にシンソガナシ（御先祖様）を迎え、十五日に送っている。盆棚を先祖棚（仏壇）の下に設えて墓から先祖を迎えて供物をするが、これとは別に十四日に庭先に蘇鉄葉の家をつくり、水を入れた椀などを供える。十四日は、盆棚には朝、昼、三時、晩の、四度の食事を供え、十五日には盆棚に供物をしてから御先祖様を送る。迎え火、送り火のような習俗はないが、盆の祭壇は屋内の盆棚と屋外の蘇鉄葉の家がある。(38) 徳之島では屋内の床の間に屏風で囲った祭場を設けて位牌を並べて先祖をまつり、やはり十四日には朝、昼、晩など五回の食事を供えるが、十五日の送り盆には送る先祖と一緒に一族が食事をした後、戸主が水の子と箸を持って家を出て、三叉路の所に箸を捨てて先祖と別れて帰るという。また、徳之島の亀津では、送り盆には一族が一重一瓶で墓に集まり、夕方には墓前で別れの宴をはるといい、送り盆の時ではあるが墓前飲食が行われている。(39)

　琉球文化圏の南部に位置する八重山では、喜舎場永珣によれば七月十三日からソーロン（精霊）のまつりで、門前に線香を焚いてソウロンガナシンカイ（精霊神迎え）を行い、仏壇の前に机を置いて供物をするとともに十五日まで一日に三回の食事もあげるが、『八重山島年来記』には康熙十七年（延宝六年、一六七八年）に八重山で盆祭が始まったとあるという。(40) 八重山では、盆行事が行われるようになったのは十七世紀後半であるが、『琉球国由来記』には、伊江島では、七月十二日の施餓鬼《せがき》は疫病が流行った一六一四年に始まった行事で、施餓鬼をして疫病が治まることを願ったと記され、(41) 赤嶺政信はその餓鬼というのは先祖と一緒に訪れて来る伴精霊（トゥムジョウリョウ）のことであるという。[42] 沖縄諸島から八重山諸島まで、沖縄の家々の盆行事では先祖を迎えて、さまざまな供物をしてまつっていて、新仏や無縁仏を区別してまつることはほとんど行われていないが、施餓鬼に伴精霊をまつることもみえていて、赤嶺は「今日の盆において施餓鬼は付け足しにすぎないが、この記事（伊江島の記事）は施餓鬼が盆儀礼の中心であったことを示唆しているのか[43]」と、施餓鬼に注目している。

日本列島のなかにみることができるアイヌ文化、ヤマト文化、琉球文化の具体例をあげてきたが、このように列島文化を比較していくと、民俗の比較研究はヤマト文化圏だけではなく、琉球文化圏やアイヌ文化圏も同等に視野に入れる必要があるのがわかろう。この稿はその端緒に過ぎない。繰り返すが、ヤマト文化圏内だけの比較研究をもって日本列島の文化の広がりを明らかにすることはできないのである。このことは当然といえば当然であるが、従来の民俗研究の多くはヤマト文化圏の民俗研究をもって日本研究と認識してきたのではなかろうか。民俗学が一つの学術分野として独自性と独創性をもち続けるためには、今までの研究成果を土台に列島の文化的版図を描きながら、文化の変化や変容を説明する論理と方法を鍛え上げていく必要があろう。

おわりに

盆行事をめぐる比較研究では、今後の課題となることを最後にもう一点あげておく。それはヤマト文化圏から琉球文化圏にかけて存在している盆行事は、中国など東アジア地域でも行われており、東アジア地域全体のなかで日本列島の盆行事をどのように位置づけるかという課題である。

渡邊欣雄は、日本の盆行事に相当する漢民族の行事を次のように説明している。

陰暦七月一五日は「中元節」といい、あるいは「鬼節」「普度節」「盂蘭盆会」「盂蘭会」「七月半」などとも称する、鬼魂祭祀の大祭が、寺廟や地域社会、あるいは各家庭で催される日である。「中元節」は道教でいう「三元日」のひとつで、赦罪地官である清虚大帝の誕生祭の日であるとか、「普度節」「盂蘭盆会」は仏教に由来するといい、仏の逆さ吊り（倒懸）の苦しみを救う目的で、すなわち「陰間」の祖先の苦しみを救済する目的でおこなわれる、と伝えられるなど、この祭りはさまざまな由来や説話が伝えられている。しかし、「鬼節」「七月半」などと称する名称は、完全に漢民族の民俗宗教に由来しており、もとより家庭行事としては、これらの行事名称でよぶのが普通である。(44)

渡邊が簡略にまとめている漢民族の「鬼節」「七月半」の内容をみていく紙数はないが、この行事においては祖先祭祀に加え、餓鬼に対する施しが重要な位置を占めている。また、中国東南地域における中元祭を幅広く検討した何彬は、この行事でまつられる精霊には、第一の霊＝祖先、第二の霊＝家鬼（祖先の基準に達していない身内の霊）、第三の霊＝野鬼（いわゆる無縁仏）の三種があることを示し、それぞれの祭祀の実態と特色を論じている。(45)このように漢族文化における鬼節・七月半の内容が明らかになってくると、盆行事をめぐって東アジアレベルでどのような文化交流があったのかも課題になってこよう。

東アジアの盆行事の影響関係はまだわからないが、日本の盆行事が漢民族の普度祭・盂蘭盆会、鬼節・七月半の影響を受けているなら、盆にまつられる新仏、無縁仏は果たして柳田がいうように後になって意識されるようになったのか、改めて問う必要がでてくる。現時点で根拠をもっていえることではないが、関沢が明らかにした第一類型の盆行事は、まつられる三種の精霊のうち先祖祭祀だけが墓塔建立習俗とともに広がった結果ということも検討する必要がでてくる。

いずれにしても歴博映像フォーラム9「日本各地の盆行事と葬送墓制の最近の変化」で示された民俗研究映像「盆行事とその地域差――盆棚に注目して――」は、民俗の比較研究法の再検討も含め、これからの文化研究にいくつもの課題を投げかけてくれたといえる。

註

(1) 国立歴史民俗博物館編・刊『日本各地の盆行事と葬送墓制の最近の変化』二〇一四年六月二十一日。
(2) 関沢まゆみ「「戦後民俗学の認識論批判」と比較研究法の可能性―盆行事の地域差とその意味の解読への試み―」(『国立歴史民俗博物館研究報告』第一七八集、二〇一三年三月)。
(3) 柳田國男『先祖の話』一九四六年四月(『柳田國男全集』13、ちくま文庫、一〇〇・一〇一頁)。
(4) 前掲(3)一二六・一二七頁。
(5) 前掲(3)一二七・一二八頁。

（6）前掲（3）一二九・一三〇頁。
（7）前掲（2）二〇三頁。
（8）前掲（2）二三〇頁。
（9）前掲（2）二二七頁。
（10）前掲（2）二二九頁。
（11）福田アジオ・菊池健策・山崎祐子・常光徹・福原敏男『知っておきたい日本の年中行事辞典』（吉川弘文館、二〇一二年二月）一三五頁。
（12）國學院大學日本文化研究所編『神道事典』（弘文堂、一九九四年七月）。
（13）折口信夫「村々のまつり　祭りの発生　その二」（『民俗芸術』第一巻第一〇号、一九二八年十月〈『折口信夫全集』2所収〉）。
（14）折口信夫「祭りの話」（『あんとろぽす』第五号、一九四七年二月〈『折口信夫全集』17所収〉）。
（15）前掲（14）。
（16）前掲（3）一一五頁。
（17）折口信夫「精霊と霊魂と」（一九三九年の講義）（『折口信夫全集』ノート編7所収）。
（18）田中宣一『祀りを乞う神々』（吉川弘文館、二〇〇五年五月）。
（19）前掲（2）二三一頁。
（20）伊藤幹治『稲作儀礼の研究―日琉同祖論の再検討―』（而立書房、一九七四年五月）二七四・二七五頁。
（21）前掲（20）二七五頁。
（22）青森県史編さん民俗部会編『青森県史　民俗編資料　南部』（青森県、二〇〇一年三月）二九九・三〇〇頁。
（23）文化庁文化財部編・刊『無形の民俗文化財記録第四七集　盆行事Ⅴ』二〇〇四年三月。

(24) 村松利規「宮崎の精霊棚」(『民具研究』第一二〇号、日本民具学会、一九九九年十月)。
(25) 前掲(24)。
(26) 藤本強『日本列島の三つの文化』(同成社、二〇〇九年八月)四・五頁。
(27) 前掲(26)二九・三〇頁。
(28) 赤坂憲雄『東西/南北考』(岩波新書、二〇〇〇年一一月)。
(29) 久保寺逸彦「アイヌ民族の正月の今昔」(『久保寺逸彦著作集2 アイヌ民族の文学と生活』〈草風館、二〇〇四年四月〉)。
(30) 田畑千秋『奄美の暮らしと儀礼』(第一書房、一九九二年三月)。
(31) 赤嶺政信『シマの見る夢—おきなわ民俗学散歩』(ボーダーインク、一九九八年四月)。
(32) 小川直之「正月」(新谷尚紀・波平恵美子・湯川洋司編『暮らしの中の民俗学2 一年』〈吉川弘文館、二〇〇三年四月〉)。
(33) 前掲(29)、アイヌの腹帯については『北の生活文庫4 北海道の家族と人の一生』(宮良高弘・萩中美枝・小田嶋政子著、北海道、一九九八年十月)でも、妊娠五ヵ月目にシネウプソロの者が腹帯を巻いてやり、エカシに妊婦と胎児の無事を祈ってもらう。この時に夫の褌を使うとお産が軽くなると伝えるところもあるというので、広範囲にこの習俗があるのがうかがえる。
(34) 小川直之「いのちの「時」と儀礼」(『儀礼文化』第二九号、儀礼文化学会、二〇〇一年六月)。
(35) 松山光秀『徳之島の民俗 2 コーラルの海のめぐみ』(未來社、二〇〇四年十月)。
(36) 前掲(30)。
(37) 琉球政府編・刊『沖縄県史』第二二巻、各論編一〇民俗、一九七二年四月。
(38) 前掲(30)。

(39) 前掲(35)。
(40) 喜舎場永珣『八重山民俗誌』上巻(沖縄タイムス社、一九七七年二月)。
(41)『琉球国由来記』巻十六(伊江島の年中行事の項)(『琉球史料叢書』第二〈名取書店、一九四〇年十二月〉五一二頁)。
(42) 前掲(31)。
(43) 前掲(31)。
(44) 渡邊欣雄『漢民族の宗教—社会人類学的研究—』(第一書房、一九九一年五月)四四・四五頁。
(45) 何彬『中国東南地域の民俗誌的研究—漢族の葬儀・死後祭祀と墓地—』(日本僑報社、二〇一三年十二月)。

討論

日時　平成二六年六月二一日(土)
会場　新宿明治安田生命ホール

司会
関沢まゆみ
パネラー
大本敬久
小川直之
小田島建己
新谷尚紀
武井基晃
(五十音順)

一　盆行事の起源

関沢（司会）　ではこれから、会場からいただきました質問を紹介しながら意見交換をしていきたいと思います。まず質問の第一は、お盆の行事とその歴史についてです。お盆の行事というのはいつからあったのか、お盆の歴史について、まず大本さんにお願いしたいと思います。

大本　はい、お盆の行事、いわゆる盂蘭盆会《うらぼんえ》ですね。文献の上でのことは、もう諸先学によって指摘されておりまして、すでに広く知られているところですが、ここで少し紹介してみましょう。盂蘭盆会が日本の歴史上、最初にその記事が出てくるのは、『日本書紀《にほんしょき》』の推古天皇一四年（六〇六）です。「是年より初めて寺ごとに、四月八日、七月十五日に設斎す」とあります。七月一五日の設斎が盂蘭盆会と思われます。また、斉明天皇の斉明三年（六五七）の記事には「盂蘭瓮会」という語が初めて出てきます。「（秋七月の）辛丑（一五日）に、須弥山《しゅみせん》の像を飛鳥寺の西に作る。且、盂蘭瓮会を設く」とあります。[1]

ただそれはお寺で行なう盂蘭盆会でした。庶民のお盆と、寺院の盂蘭盆会の歴史というのはちょっと分けて考えた方がよいかもしれません。朝廷が寺院に対して食べ物を供えたりするというのは、『続日本紀《しょくにほんぎ》』の天平五年（七三三）七月六日に、大膳職《だいぜんしき》というういわゆる饗膳に関係する役所が寺院にそれらを供えるという記事が出てきています。それが法会として定着していく。これが奈良時代の寺院の盂蘭盆会なのですね。貴族の盂蘭盆会となりますと、実際に史料に出てくるのが九〇〇年代からです。たとえば藤原道長《ふじわらのみちなが》の日記『御堂関白記《みどうかんぱくき》』には「盆供如常」と出てきます。ただ、一一〇〇年代の九条兼実《くじょうかねざね》の日記『玉葉《ぎょくよう》』の治承五年（一一八一）七月一二日条によると、高倉上皇がその年の正月に崩御していつ盂蘭盆会を行なうか議論になるのですが、前例では一周忌内に行なっているので「今年可被行」と決まっています。初盆行事をいつ実施するのかが確定しているわけではない。後世では当たり前のように行なわれる盂蘭盆会が貴族の間でも種々議論があって、年忌供養との絡みも含めて、この時代が一つの定着期とみることができます。

大本敬久

しかし、いわゆる「盆棚《ぼんだな》」とか「精霊棚《しょうりょうだな》」との関連でみますと、「盆棚」とか「精霊棚」の存在を示す史料は鎌倉時代以前には出て来ないんですね。先ほどいった平安時代末期の『玉葉』文治二年（一一八六）七月一四日条には「先置長櫃蓋於小莚上、其上取置瓮供等」とあり、ムシロの上に長櫃《ながびつ》の蓋を置き、その上に供物《くもつ》を置いています。「棚」の上に置くというよりムシロに「敷く」ような形です。類例として『枕草子』にも「くひものに敷く」という記事がありまして、やはり棚に「置く」というよりも「敷く」です。このように形式は違えど、食べ物を供える形の貴族の盆行事というものは、平安時代後期から末期にかけてはあります。

あと、日付の問題ですが、旧暦七月一五日に寺院での盂蘭盆会が行なわれますが、貴族であるとか、家ごとでの魂祭《たままつり》は室町時代、一四〇〇年代前半の伏見宮貞成《ふしみのみやさだふさ》の日記『看聞御記《かんもんぎょき》』等によると、前日の一四日に行われています。一四日の家の盆行事、一五日の寺院の法会としての盂蘭盆会。先に庶民と寺院のお盆の歴史を分けて考えた方がよいのではと申した理由はここにあります。

その他にこの室町時代は盆踊りであるとか、盆の提灯等、現在にまで伝承されているような盆行事の要素が出てきます。問題なのは、霊魂を祀る「たま棚」といいますか、「精霊棚」に関する史料がなかなか出てこないのです。江戸時代以降の史料には出てくるのですが、たとえば『康富記《やすとみき》』嘉吉二年(一四四二)七月六日条に「盆供の茄子」とあり、お盆の供物として現代と同様の茄子が出てきます。ただ、それを棚を設えて、「置いて」供えたのか、平安時代のように「敷いて」供えたのかよくわかっていません。

関沢 はい、盂蘭盆の語義は、唐代の貞観年間(六二七~四九)末の大慈恩寺《だいじおんじ》の僧玄応《げんのう》の撰述になる『一切経音義《いっさいきょうおんぎ》』において、梵語の烏藍婆拏 ullambana の音写であるというのが通説ですね。その意味は、倒懸《とうけん》つまり逆さまに吊るされる苦しみ、という意味だと説明されてきています。それは中世の一《いち》条兼良《じょうかねら》(一四〇二—八一)の『公事根源《くじこんげん》』にも、「盂蘭盆は梵語也倒懸救器と翻訳す」とあり、さらに近代になって仏教学者の荻原雲来も、烏藍婆拏とは倒懸の苦しみを受けるという意味のサンスクリット語のアヴァランバンテ avalambante に近いアヴァランバナ avalambana の俗語形であるといっており、それがこれまでの通説となっていました。(2)

しかし、それに疑問を抱いた一人が、仏教学者の岩本裕でした。岩本は、ウランバナという語はサンスクリット文献にはまったく見当たらず、盂蘭盆の語義をウランバナとする解釈は成り立たないことを示しました。そして、その代わりに、三世紀以降、西域地方に伝播していた他の言語で解釈するべきだとして、イラン系のソグド人の活動などから、イラン系の言語で死者の霊魂を意味するウルヴァン urvan が盂蘭盆の原語であることを論じました。(3) これはたいへん有力な説で、現在ではこの説がもっとも支持されています。盂蘭盆の原語はサンスクリット語のウランバナ ullambana（倒懸）ではなくて、イラン語系のウルヴァン urvan（霊魂）だという説です。

二　盆行事と共同飲食

関沢　盂蘭盆の語義、音義を最初に説いたのは、今、述べたように唐代の僧玄応の『一切経音義』でしたが、盂蘭盆の行事の起源について最初に説いたのは、中国の西晋《せいしん》（二六五〜三一六）の僧、竺法護《じくほう ご》の訳とされる『仏説盂蘭盆経《ぶっせつうらぼんきょう》』でした。しかし、その『仏説盂蘭盆経』というのは、インドのサンスクリット語の仏典の中にはないお経であり、中国で撰述されたいわば「偽経」であるとされています。ただ長い間これが盂蘭盆会の起源を説明するお経とされてきており、これ以外に盂蘭盆の起源を説明できるお経はありません。ですから、盂蘭盆それ自体がインド起源の行事ではなく、中国にその起源をもつ行事であると考えられているのです。『仏説盂蘭盆経』によれば、盂蘭盆の由来は以下のとおりです。

釈尊の弟子の目連が、亡母が餓鬼道に堕ちて苦しむ様子をみて、釈尊に母を救うにはどうしたらよいか尋ねました。釈尊は、七月十五日の衆僧自恣の日に盂蘭盆の供養を行なうのがよい、その功徳によって現在父母と七世父母を餓鬼の苦しみから救うことができると教えました。目連はそこで、百味のご馳走と五つの果物をたくさんの僧侶にふるまいました。それにより亡母は餓鬼道の苦しみから救われ、弟子たちは毎年それを実践するようになりました。

先ほどの小川先生のコメントによれば、お盆の行事で大事なことは、食べ物を用意してお供えするということでした。今日の映像を見て、お盆の時にご先祖様と私たちが一緒に飲んだり食べたりする共食の場が大切なのだけれども、さてそれがお墓なのか、それとも家なのか、という、そういう場の違いが注目されるというご指摘がありました。まさに私が盆行事に興味をもつきっかけになったのが、それでした。私の実家の栃木県での初盆《はつぼん》での経験でした。二〇〇一年（平成一三）に亡くなった祖母のお葬式ですが、お葬式に来て下さった方の半分の人数が、改めて初盆の時に家にお参りに来られます。その栃木県下のしきたりでは初盆にたいへんおおぜいの人がお参りに来てくれるのです。だから初盆の期間中、朝から夜までひっきりなしに人が出入りするのですけれども、その人たちにご馳走をふるまわなければいけない。朝早くから、九時とか一〇時頃からいらしても、お昼ご飯ぐらいの感じでおかずとお寿司とかいろいろ食べ物と飲み物を用意して一人ひとりにふるまいます。

お葬式の時は、葬儀社がサポートしてくれますし、自宅葬からホール葬に変わってきていて喪中の家族の負担はやや少ないのですが、初盆の時は誰の手助けもなく、ただ老いた両親たちがてんてこまいになってしまうのです。だから、これからは葬儀社の初盆サービス（出張サービス）というのもできてくるのではないかな（会場笑）、と思ったようなこともありました。それが最近特に葬儀との関連で、お盆に興味を持ったきっかけでした。小川先生のお宅の葬儀の例もご紹介いただきましたが、お盆の、特に初盆の時のおおぜいの関係者での共食の場というのは、やはり先生の神奈川県下でも家なのでしょうか。

司会者　関沢まゆみ

小川　私が住んでいる神奈川県平塚市のムラ、昔は四〇戸たらずだったのですが、今は一〇〇〇戸を越えているのですけれども、私の家はお盆の時の飲食ごとは自宅です。今でも新盆《にいぼん》の時には、たいしたものは作らないんですけれども、まだまだその飲食、共食の習慣が続いています。しかも「いきみたま」（生見玉）という習俗が残っている地域でして、親が生きているうちは、子供たちが親にご馳走を持って行って食べさせるのだ、つまり死者の「みたま」と同じように生きた両親の「みたま」に対しても、食べ物を供えるという習慣が、まだ、時々ですけれどもみられます。私も子供の頃に母親が「今日はいきみたまだから」っていうので、母親の実家によくついていった覚えがあります。それがつい最近まで、まだ親が生きているうちだけはやっていますね。

関沢　「いきみたま」という言葉がまだはっきりと伝えられていてその習慣も残っているのですね。都会ではもうあまり聞かれなくなっているかと思いますが、お盆というと亡くなった親たちの供養のためにだけ供えたり食べたりするのではなく、生きている両親のために、盆鯖《ぼんさば》などと呼ぶ刺し鯖と素《そう》麺《めん》などを親元に持って行って、両親と一緒にご飯や素麺などを食べるというそういう習慣が、奈良県をはじめ日本各地で行なわれていました。それが平塚市域でもまだ残っているということですね。

お墓参りというのは、私の調査体験からして、フランスやイギリスまたポーランドなどでもさかんにしています。死者へのとむらいというのは洋の東西を問わず共通しているのかと思います。しかしそのフランスなどでは、死者に食べ物は供えません。死んだら人間は何も食べられないといいます。だから、お墓に食べ物をお供えするというようなことはありません。しかし、日本ではさかんに死んだ両親や先祖のみたまへと食べ物を供えます。そして、生きている人間と死んだ親たちと一緒に食べたり飲んだりして交流する習慣があります。それは本土の大和文化圏でも、沖縄の琉球文化圏でも、共通していますね。今日の映像では墓地での飲食の場面で、おいしそうな食べ物や飲み物がたくさん出てきましたけれども、日本の文化の中では生きている人間と死んでしまった人間とのあいだでも、飲食物と飲食という行為が両者をつなぐものとして非常に強い意味、つながりをもっているのだということがわかります。

小川　はい、そうですね。日本から東アジア、そして東南アジア、南アジアにかけて、飲食物を通して死者の霊魂や神々の霊や精霊たちとの交流がはかられるという習慣が非常に広範に存在しますね。神と人間との関係性というのが、またそのような観念というのが、そういうところにもはっきりと表れているというふうにいってよいと思います。

三　死と穢れ——二種類のケガレ

関沢　また、穢れについての質問を複数いただきました。穢れにつきましては『ケガレからカミへ』（木耳社、一九八七年）という本を執筆されている新谷先生のほうからやはりまずはお答えいただけますか。

新谷　はい、生活の中の言葉としてふつうに使われる穢れという言葉から、民俗学が設定した分析概念がカタカナで表記するケガレです(4)。ケガレとカミとを対概念として設定するもので、ケガレ＝死の力：power of death　カミ＝生命力：power of life　とするとらえ方です。

それは、単にきたない、というのとはちがいます。『古事記《こじき》』や『日本書紀』の神話には、イザナギが黄泉《よみ》の国のイザナミを訪ねて行って、結局そこが死の国であり、恐ろしく穢らわしい国であったために逃げ帰り、小門《おど》の阿波岐原《あはぎはら》で禊《みそ》ぎ祓《はら》えをしたとあります。そこで、穢らわしく汚い死体をみてしまった左の眼を洗い清めたら天照大神《あまてらすおおみかみ》が、右の眼を洗い清めたら月読尊《つくよみのみこと》が、死臭をかいでしまった鼻を洗い清めたら素戔嗚尊《すさのおのみこと》が、それぞれ生まれたとあります。カミとはケガレが祓え清められた時に誕生するのだという不思議なメッセージがそこには含まれています。ただし、古代の神話や文献記録の類からみると、古くは、けがらわしい（穢悪しい）とか、きたなき（穢き）などと形容詞として出てくるのですが、摂関政治《せっかんせいじ》の時代に触穢思想《しょくえしそう》が高揚する頃になると、穢れという名詞が現れるようになります。そのことを発見したのは、実は今日ここに参加している大本さんなのですが、修士論文でそのことを早く指摘していました。(5)

さて、そのような穢れという日本語の使用例の歴史を追跡し、また民俗の伝承情報を広く蒐集整理してみますと、穢れというのは単に汚いというレベルのものではないということがわかってきます。メアリー・ダグラスのいうところの dirty とか pollution とか uncleanness というようなレベルのものではないのです。まさに、不気味な死穢の力、power of death ＝ケガレなのです。これと同じようにpower of death、死の世界へと引きずり込むような死の威力というふうにとらえたのは、文化人類学の関根康正さんでした。それはインドのハリジャン社会でティーットゥという語から帰納したものでした。日本語のケガレによく似た概念だそうです。その関根先生には、『ケガレの人類学――南インドハリジャンの生活世界――』（東京大学出版会、一九九五年）という著書があります。また、私たちと関根先生との研究交流で、文化人類学と日本民俗学との対話というようなかたち、今回のような歴博フォーラムを開催しております。その成果を単行本[6]として刊行してありますから、ぜひ見ていただければと思います。

　結論からいきましょう。ケガレにはAとBの二種類がある、ということです。人類普遍の死を忌み避ける意味での穢れ、これがAタイプのケガレです。私たちホモ・サピエンスの特徴はその進化の過程で死を発見した種だということです。死の発見は霊魂観念と他界観念の発生を意味しました。つまり、宗教の誕生です。死を発見したホモ・サピエンスは死を恐怖する種となったのです。衛生的な観点からも死体は腐乱し腐臭を放ちます。死を理解したホモ・サピエンスは死体を葬るということをします。死が所与の生理ではなく、発見された文化だからこそ、死体の処理の方法には、埋める、焼く、流す、喰わせる、などなど、それぞれの文化と社会における死の理解に対応してそれぞれ多様なのです。そうした意味での死への忌み、死をケガレとして忌む感覚と行為というのは人類普遍のものといえるでしょう。

新谷尚紀

　それに対して、日本の平安貴族、摂関貴族の触穢思想におけるケガレというのは、それは歴史的に政治的に文化的に形成されたケガレです。特別な文脈におけるケガレです。英語文化圏の dirty とか pollution とか uncleanness というようなレベルのものではない感覚であり、観念なのです。それがBタイプのケガレです。神聖王、祭祀王として純化していった摂関期の天皇の側近くに仕えながら、それゆえに自らも清浄な状態でいなければならないと考えられた摂関貴族たちが設定した政治的かつ文化的なケガレ観念です。(7) 清和《せいわ》天皇のように幼帝であっても機能できる天皇、一条天皇のように神聖化した天皇、それらは外戚《がいせき》の藤原氏が摂関や内覧として政務を輔弼《ほひつ》するシステムができてきたことによる天皇のあり方です。王権の二重性論からいえば、天皇には「武力王(世俗王)」と「祭祀王(神聖王)」の二重性が内蔵されていますが、平安時代中期の九世紀後半から一〇世紀以降は、天皇の世俗王の機能は摂関や内覧が輔弼するかたちで天皇の祭祀王の機能が大きくなっていったのです。その神聖にして犯すべからざる清浄なる神にもなぞらえられる天皇にとって、その側近く仕える摂関貴族はその権力の基本としても基盤としても自らも清浄性が求められたのです。その神聖なる天皇にケガレを感染させてはならないと考えられたのです。その摂関貴族の独特の触穢思想におけるケガレは、人類一般の普遍的なケガレAではありません。それとは明確に区別すべきケガレBなのです。

では、同じく貴族という階級なのに、室町時代の中原家がどうして墓参りをするようになっていたのかです。それは平安時代から鎌倉時代へ、そして室町時代へという歴史の変遷を経ているからです。

武家が権力を掌握していきました。貴族層の公家のあり方も氏《うじ》から家へと変わりました。中原氏は明経博士と明法博士の中原家として代々その家職《かしょく》を継承します。そしてそれぞれの家には先祖がいます。家の先祖が子孫へと家職というものを伝えてくれます。わが家が継承している職、中原家の代々は多く太政官《だじょうかん》外記《げき》局《きょく》官人として、また明法官人として活躍しましたが、室町時代の貴族たちはそのシステムの中で、家の職を先祖から伝えられているということで、先祖祭祀を重視するようになってきていたのです。寺院も武家や公家の菩提寺というかたちが次第に一般化してきていたのです。

関沢　はい、穢れについては、皆さん、いろいろ語りたいことはあるかと思いますが、今のお話はA：生理的な穢れ、死体の腐る臭いだとか、生理的に嫌だという穢れと、もうひとつはB：文化的な穢れということかと思われます。今でも、死に関していうならば、たとえば広島県の厳島《いつくしま》神社がある宮島《みやじま》には島内にお墓がありません。人がもうやがて亡くなりそうだという時にはそっと船で廿日市《はつかいち》市の方に搬送していきまして、病院へ入れて、そこで亡くなるともう家には帰りません。宮島の方に遺体を持っていくことはできませんので、廿日市の葬斎場でお葬式をする。そしてお墓に遺骨を納めるということが続いていて、やはり神聖な島として死の穢れを持ち込まないようにしています。また、出雲大社《いずもたいしゃ》でも、一番トップの宮司様、国造《こくそう》様が亡くなられますと、すぐには公表しないで、跡継ぎの、次の、国造になられる方が八雲村（現・松江市）の熊野大社に国造家伝来の火鑽板《ひきりいた》を持っていき、火継式（神火相続の儀）を行ないます。神聖な火を鑽り出して、その火で白米を調理した斎食《さいじき》を召し上がります。それが、その出雲大社のトップとしての国造の霊魂を受け継いだという儀式になります。そうしてから初めて亡くなられたお父様つまり先代宮司、国造様を出雲大社の裏の方からそっとお出しになってお送りされる。つまり、そのトップの地位を穢さないようにして、次の跡継ぎの人が継いでいくというかたちがとられています。このように古い神社である厳島神社や出雲大社などでは、今でも文化的な死の穢れという観念をもち伝えているというように、私などは感じております。

先ほどの穢れの話で関根康正先生のインドのお話がでましたが、小川先生いかがでしょうか。去年インドにいらした時、「穢れを目の当たりにした」といっておられましたけれども。

小川　そうですね。たとえば中国の例ですが、中国は広大で多様な文化を伝えていますが、たとえばその一部の例ですけれども、貴州省の侗族（トン族）の社会では、私はこれまで何度も葬式の場面に出会っているのですけれども、親族は白いものを身に着けます。頭に布を巻くというのが一般的です。ただ、巻き方が一般の人と家族とでは少し違います。家族は三年間白い物を身に着けていかなければならないんだといいます。これはやはり穢れの意識が背景に存在しているといってもよいと思いますね。インドも広大なので全体的にはわからないですけれども、ネパールの方はまだ穢れ意識が強く残っておりまして、インドでも農村地帯ではまだまだ強いんです。特によく聞きますのは、メンストレーション（月経）の穢れ意識ですね。ですから生理の最中の女の子というのは、極端にいいますと村の大通りを歩けないという、もし歩いて後でそのことがわかるとどうなるか、身の安全さえも保障されないというような、非常に強い穢れ感を持っております。南アジアのインドの世界を見ておりますと、穢れ意識が日本に入ってくる道筋は仏教を通じて入ってきているような感じはしているのですけどね。あまり表面には出てきにくい部分なのですが。

関沢　ありがとうございました。ではその他の質問です。「火葬場を忌避する感情は、施設の近代化によって希薄になっているのではないか？　また遺体を忌避する意識も遺体保存の技術や葬儀社職員の関与による葬儀の商品化の進展などによって変化しているのではないか？」という質問がありました。

小田島　火葬場の忌避というのは今でもおそらく強いと思うんですね。私はふだん宮城県岩沼市という、仙台市の南に二〇～二五キロほど行ったところで仕事をしているのですけれども、その市で最近、火葬場を新しく建設するということがあって、その火葬場の建設予定地の人たちが反対している問題があります。ここに作ってくれるなと。これは火葬場だけでなくゴミ処理場とかもそうなのですけれども、生活に必要不可欠なものです。しかしニンビー（Nimby）などという言い方をされるのですが、Not In My Back Yard っていう、「私の庭には作ってくれるな」ということです[8]。今の火葬技術というのはかなり進展していて、臭いも煙も出ない、すぐ焼けるという非常に効率的なもの

小川直之

が作られているにもかかわらず、うちには作るなというのが非常にまだ強い考えとしてあって、これは先ほどの二つの穢れでいえば、Ａの方の生理的な穢れというものです。概念ではなくて本当に感覚的なもので、とにかく嫌だ、というものだと思うんですね。このようにいくら技術化、商品化が進んだとしても、だからこそ逆に遺体に対する感覚というのは鋭くなってくるということもあるのではないかと思うんです。先ほどの小川先生のコメントでも湯灌《ゆかん》がまだ行なわれているということでしたが、あれ私も気になっていたんですけれども、遺族が湯灌をするということなのですか。

小川　いや、業者です。湯灌というのは私の知っている範囲では一度途絶えていってしまって、今日お話しがあったように、アルコールでちょっと拭くだけとか、その程度になっていたんですけれども、ここ一〇年にはならないのですが、私の住んでいる平塚市周辺では逆に最近は湯灌が増えてきています。考えられるのは、介護のための入浴車というのがごく普通の存在になってきていて、そういうものの延長線上で、遺体の湯灌がしやすくなってきたということなのですね。

小田島　ありがとうございます。そういうふうに業者が湯灌をするということですが、近親者がする場合にはそれが穢れているから、この穢れというのは生理的な穢れなのですけれども、穢れているからきれいにするのだという感覚を再生産せざるを得ないわけです。われわれがお風呂に入るのは汚れとかを落とすためにお風呂に入るのだという感覚が常につきまとうものです。それが自分の手から離れるということは、商品化の進展というのはそういうところでサービスの向上ともいえると思うんですけれども、遺族の役を業者がするところで、日頃ある感覚というものを再生産せずに変えていくものになるのではないかと思いました。

武井　今、湯灌の話が出ましたが、一昨年祖母が亡くなった時、実家で湯灌のサービスをお願いしました。バスタブを座敷に入れまして、庭に駐車した業者の車からの水と電力でシャワーを浴びさせてもらいました。バスタブの中に張ったネットの上に遺体を寝かせたままで背中まで洗えるなど、かなり効率化されていました。完全にプロの方二人にお任せをして、われわれ遺族は見ていたわけですが、湯灌のサービスから死に化粧、そして着物の着付けまでで一つのサービスとして成立しているのを目の当たりにしました。

関沢　湯灌の歴史をたどりますと、一〇世紀の『往生要集《おうじようようしゆう》』に、念仏結衆が病者の汚物を清拭《せいしき》し、焼香、散華《さんげ》を行ない、念仏の唱和の中に安穏な死へと送り出そうとしたことが書かれています。最期にきれいに拭いて清めてあの世に送ろうという思いが、後の湯灌の習俗にも伝えられていったと考えられるのです。死者の身体に直接触れる湯灌の役は、最も死者と密着する行為で、死の穢れに触れてしまい感染してしまうような役目であり、またその死者の霊に生者もひっぱられてしまうかもしれない危険な役目だと考えられてきました。だからこそ、死者の身内が行なうものとされてきていました。先ほどの、武井さんの話された山梨県の最近の事例のように、他人に遺体を洗ってもらって、身内がそれを見ているという光景は、一昔前の人が見たら大変驚くと思います。その背景には小川先生も指摘されたように介護用入浴車の普及をはじめ入浴技術の大きな進歩があると思います。

一方で、北海道帯広市における葬送墓制の調査をしている高橋史弥さんによれば、葬儀社のサービスを利用しているケースがほとんどとなった今でも、湯灌だけは家族など身内のもので行なうといっています。(9) そこには最期に身体をきれいに洗ってあげるのはやはり身内で、という意識が受け継がれていることが注目されます。

四 火葬の普及と洗骨の終焉——沖縄県・鹿児島県与論島

武井 ずっと穢れの話が出ておりましたので、私もそちらの質問に一つ答えてみたいと思います。先ほどの私の発表の中で、骨を白骨化させることについて話しましたが、白骨化していれば良いんだけれども、ミイラ化あるいは肉や皮が残っていたらそれをこそぎ取らなきゃならない。それは主に近親の女性が行なったということに対して、女性に処理をさせていたということでしたが、「なぜ女性なのでしょうか。やはり穢れとのかかわりのせいでしょうか?」という質問をいただきました。

この、「なぜ女性なのでしょうか」というのは、沖縄の女性自身も叫び続けていたことだそうです(会場笑)。堀場清子さんが書きました、カタカナで『イナグヤナナバチ——沖縄女性史を探る——』(ドメス出版、一九九〇年)という本があります。「イナグヤ」というのは女性です。「ナナバチ」は七つのバチ（罰）で、女性は生まれながらにして七つのバチがあるといわれてきたことをタイトルにあげ、女性の自立について書いた内容です。その第一章に、先ほど私の報告の中で触れました、一九五〇年（昭和二五）に沖縄県下で一番最初に公設の火葬場を設置した本島北部の集落で、女性の団体の主張と要求がどのように実現されたかが書かれています。この喜如嘉《きじょか》の方へ、筆者の堀場さんがそれ以前の記録をもとに質問したのですが、相手の女性は、「え？ 大きな声で、哭きながらするって、書いていますか、その本に？ それはもう泣かずにはいられませんよ。あの姿をみた瞬間には。でも、あとは、泣いていていては、仕事になりませんから」と答えています。女性は怖くて気持ち悪くて泣きながらその作業をしていた。しかし早く火葬場を導入してくれと主張をしても、男性がなかなかうんといわなかった。そこで、女性たちは洗骨《せんこつ》をボイコットして、男性にやらせよう、そうすれば火葬の重要度がわかるはずだとか、そういう議論を経て、この喜如嘉の女性たちは火葬場を獲得したと書かれています。女性たちも必死の思いで遺骨を洗っていたのですね。

武井基晃

　ではそれが穢れなのかというと、確かに穢れかもしれません。沖縄では女性に霊的な力を認めていて、女性だからこそ浄めることができるのだという文化的な文脈もあるのですね。しかし、穢れであろうが聖なる力だろうが、やらなきゃならない女性にしてみればたまったもんではないという現実を、この本は伝えております。

もう一点、洗骨というのは本当に穢れていて怖いものばかりだったのだろうかといいますと、沖縄本島のすぐ北側に鹿児島県の与論島《よろんとう》という島がありまして、二〇〇三年（平成一五）にようやく火葬場ができるまで、洗骨改葬をしていました。私は洗骨改葬までは見ていませんが、一度、すでに過去に洗骨改葬を済ませた骨を納骨設備付きの墓に移すという、改葬骨をさらに改葬する様子を見学することができました。この時は遺骨はもうきれいになっていて、改めて親戚が集まって再会するようなかたちでした。頭蓋骨を取り出して、「ああ、面影あるねえ」といっていたんですけれども（会場笑）、そういう再会の場なのですね。

この再会の場、というのは別の女性からも聞いたことがあります。与論島での火葬場の導入前のインタビューの際に、与論島のお年寄りたちは、まず「燃やされたくない」「怖い」というんですね。さらに火葬にすると一気に白骨化して、すぐに納骨されてしまいます。それだと洗骨改葬の際に「子孫と再会できない」というのです。「自分自身はお父さんとかの骨を掘り出して磨くことで、再会してきた。自分も再会したいのだが、火葬が導入されると再会できないという話を聞かせてくれました。一方で、島のお年寄りたちは、洗骨作業の大変さも身に染みてわかっておりますので、子供や孫にこんな作業をさせるわけにはいかないから、黙って燃やされる覚悟を決めている人もおりました。だから単純に穢れというだけではなくて、「亡くなった人たちとの再会の場」であったという認識がつい最近まで聞けたということを報告しておきたいと思います。

関沢 そうですね。穢れにもAとBがあるという話でしたが、Aの一般的な穢れも骨化という一定の時間の経過によって薄らいでいくということがあるのでしょうね。与論島とか、沖縄でも、火葬になって洗骨という習俗が、基本的には形骸化しているということでしょうか。やがてはなくなっていく、ということでしょうか。

武井 そうですね。その段階ではそうでしたね。火葬場ができた直後に与論島に行ったんですけれども、それまで与論島では遺体を、沖縄にあるような大きなお墓にではなくて、砂地に埋めていました。砂地は水はけが良いのでうまくいけば三、四年で非常にきれいな白骨になるそうです。遺体を埋めた上には与論島ではガンブタと呼ばれる木製の、いわゆる殯《もがり》のようなものを設置しておいて、数年後に洗骨した骨を骨壺に移して改めて砂に埋めていました。それが、火葬場の供用直後には、なんと火葬骨も一回砂地に埋めてガンブタを建てていました。それは「これまでの先祖がこのように成仏していったのだから、同じ道筋をたどった方が良いのだ」ということで、二〇〇三年（平成一五）に与論島へ行った時には、火葬骨（遺骨）をいったん埋めて、時を見計らって改葬としてその火葬骨を洗っていました。ところが一〇年経った最近ではそれももうなくなってしまって、火葬骨を直接、お墓の納骨施設へ入れてしまうそうです。過渡期に見られた、火葬済みの遺骨を洗う洗骨が行なわれなくなってきています。

五　遺骸葬から遺骨葬へ

関沢　小田島さんは、かつて武田正先生が調査をされた資料調査報告の段階では土葬が行なわれていた山形県東置賜《ひがしおきたま》郡高畠《たかはた》町の時沢《ときざわ》の集落でこの度追跡調査をされましたが、土葬から火葬に変っていた、しかも葬式の前に焼いてしまうかたちということでした。土葬の時に生仏で行なう「遺骸葬」と火葬になってからの焼骨で行なう「遺骨葬」とでは、遺体に対する観念と霊魂に対する観念とに大きな変化が生じているように思われます。そのような、葬式の前にまず火葬をしてしまう「遺骨葬」の事例は、東北地方各地に広くみられるのでしょうか。

小田島　今、関沢先生がおっしゃられたのは、いわゆる「骨葬《こつそう》」というふうに呼ばれている葬儀のやり方ですね。東北地方の方では、宮城もそうですし、山形もそうですし、多々見られる方法です。「骨葬」つまり「遺骨葬」というのは、骨の葬式の葬ですね。本葬をする前に火葬場に遺体を持って行ってお骨にして持って帰ってきて、それを祭壇の上に置いてお葬式を執り行なうというやり方です。これについては、東北大学の鈴木岩弓先生が詳しく調べられて研究されています(10)。なぜ、骨葬が採択されているのかというと、それもなかなか明確な理由があるかどうかわからないのですが、火葬場が普及する中で、いつでもどこでも火葬ができるわけではなくて、火葬場といっても数も限られてますし、場所も限られているので、先に骨にしてしまった方が簡便であるというところが、一つの理由としてあげられるのではないかというふうに考えられています。

関沢　武田先生が調査された山形県高畠町時沢の調査では、一九七一年（昭和四六）までは土葬が行なわれていました。『死・葬送・墓制資料集成』（東日本編一）に、写真「埋葬　昭和四六年土葬の（地区での）最後の時のもの」があります。その後、火葬に変わっていきました。武田先生がもう一事例、一九九七年（平成九）の時点でその時沢の葬儀を調査されていますが、その「死者が出てから葬儀が終了するまでのタイムテーブル」をみると、すでに、死亡翌日に火葬が行なわれており、その後「日が良くなかったので骨を祭壇に安置しておいた」とあり、死亡後四日目に葬儀が行なわれています。そのことから、時沢では土葬から火葬へと変化すると同時に遺骨葬になったことがわかります。その点についてどうですか。

小田島建己

小田島　火葬の受容の背景には自動車が普及したことがあって、沖縄の事例などもそうだと思うのですが。そして火葬にして葬式の時に埋めるのは家のすぐ横なのですね。共葬《きょうそう》墓地《ぼち》というのが明治の時につくりなさいというふうに政府の規定でつくられていって、そういうふうになっていくのですけれども、時沢の場合も集落の真ん中に共葬墓地があるわけですね。そういった地理的な条件を考えると、一回火葬場に持って行って家で葬式を終えた後すぐ納骨するのだったら骨の方が楽だろうという考えが、土葬から火葬に変わった時に骨葬になったというところにあるのではないかなと、私は思っています。

関沢　今、忙しい生活の中で合理的な時間の使い方で、簡単、便利、快速に、葬儀を行なおうということなのかと思いますが、これは東京にお住まいの方の例ですが、青森のご親戚の方が亡くなられて連絡を受けてすぐに帰られたそうなのですが、最後のお別れのお顔を見る前にもう骨になっていた。それで「なんで俺が帰る前に焼いちゃったんだ」とびっくりして怒ったといっておられました。けれども、逆に青森の方は、これは今回私のお盆の調査の時なのですけれども、「東京の方では焼かないで葬式するのだって?」と私に聞かれました。それはそれでこちらも驚きました。誰いうともなく「骨葬」と呼ばれる方式ができてきたのは、土葬から火葬に変わったからなのですね。これまでの生の仏様でやるお葬式はそれが当たり前であったから特にその呼び名は必要ありませんでした。しかし、葬式をする前に火葬にしてしまうという方式が出てきた以上は、それぞれの名付けが必要になってきているわけです。そこで、私は改めて先ほどもいいましたように、「遺骸葬」と「遺骨葬」というふうな対比の呼び方を提唱しているわけです。この遺骨葬という方式も現在のところかなりの地域差をみせながら普及しているように思います。それについては四国地方の例で大本さんも調べておられたと思うのですが、ご報告いただけますか。

大本　骨葬、つまり遺骨葬というと、東北地方で広く見られるというふうによくいわれますけれども、愛媛県でも九州寄りの地域、たとえば宇和町《うわ》（現・西予市）では通夜を終えると火葬にします。葬儀、告別式の時、つまり最後のお別れはすでに骨になっているところがあります。これは、一九五四年（昭和二九）頃に市町村合併によって新たな埋火葬条例ができて火葬が普及したことが一つの理由です。葬儀の場所も昭和三十年代に宇和町では自宅葬から、寺葬儀が増えてきます。自宅ではなくてお寺において葬儀を行なうという変化が起こりました。その際に、お寺の境内、本堂に生仏《なまぼとけ》、遺体をそのまま入れるのはちょっとどうだろうか、ということで、まだその頃はドライアイスも普及していなくて遺体の保存も難しかったものですから、それで先に火葬してから葬儀を行なういわゆる骨葬が行なわれるようになりました。現在、宇和町ではほぼ九割は骨葬で行なわれております。一方、愛媛県でも隣の八幡浜《やわたはま》市ではそのようなことはありません。よその地域からの参列者は葬儀の時にすでにお骨になってしまっていることで、違和感を覚えたり、怒ったりする事例も聞いたことがあります。高度経済成長期以降のそれぞれの地域の展開史の中で遺骨葬というのが日本の各地に展開していったのだろうと思っています。

関沢　必ずしも都市部と地方というわけでもないようですね。

小川　遺骨の扱いということで少し追加ですけれども、たとえば長野市では四十九日に骨開帳《こつがいちょう》といいまして、お骨をもって善光寺《ぜんこうじ》にお詣りに行って、もちろん善光寺のご本尊は秘仏ですから見られないのですけれども、本尊の厨子《ずし》の前の御簾《みす》をちょっと瞬間上げて、お骨を善光寺にお詣りさせるというのが習俗としてあります。お暇だったら善光寺の本堂で二、三日ずっと待っていれば、誰か絶対に来ますから（会場笑）、ご覧になってみてください。

六　村ごとの葬儀マニュアルの解体、家族葬の普及

関沢　冒頭の挨拶で、近世史が専門の久留島館長から、江戸時代、一七世紀につくられた村請制《むらうけせい》が葬儀の時の相互扶助を制度化したのであろうということが話されましたが、今日の新谷先生のご発表では、その江戸時代以来の葬儀マニュアルが昭和戦後の高度経済成長期を経る中で崩壊したということが指摘されました。新谷先生から補足説明をお願いできますか。

新谷　はい、現在にまで続いてきた村ごとの相互扶助による葬式の方法、そのマニュアルができてきたのは一七世紀後半から一八世紀前半にかけてであったと考えられます。それ以前は、家族や親族が中心になって身内の葬式はそれぞれでしてきたと考えられます。古代や中世の説話集などを見てみると、有力な家族や親族の場合や、資金や資財をたくさん持っている人物の場合、またおおぜいの弟子たちがいるような僧侶の場合には、りっぱな葬式をあげてもらうことができたが、家族や身寄りのない者や貧しい者はみじめな最期を迎えたということが書かれています。それが近世の比較的安定した

社会になると、年貢の村請制や五人組の制度、また檀家の寺請制度などとも連動して村人の間で葬式の上でも地縁的な相互扶助の関係が形成されてきたものと考えられます。

それが二〇世紀末から二一世紀初頭にかけての現在、私たちの目の前でその葬式における相互扶助のシステムの解体の時期を迎えているのです。この二一世紀初頭の現在とは、長い日本歴史の中でも大きな転換期として位置づけられていくことでしょう。葬式は業者からのサービス購入の時代へとなってきています。それなりの知識と判断力とが必要になってきています。ですから、ぜひですね、今日いらっしゃった皆さま方は、死に方と葬儀社と、それから墓のこと、それらを家族の皆さんとよく相談しておいて、決めておく必要があるでしょう。

なぜなら、葬式というのはどんなに変化があっても結局のところは家族で対処しなければならないものだからです。民俗という伝承文化は、伝承ですから変化もしますが、変化しない部分もあるのです。その変化しない部分が、親と子の血縁関係にもとづく民俗伝承です。生の密着関係が死の密着関係へと作用し機能するのです。親の葬式は子供がしなければならない、その基本が変化することはないのです。ですから、最近になっていわゆる家族葬が増えてきているのも、歴史的にも民俗的にも自然の成り行きなのだということがわかります。

七〇歳か七五歳を過ぎたあたりからでいいと思いますが、準備をしておいて、もう死を怖がらない、死が近くなったんだけれども、まあ逃げずにそれに向かい合おうという姿勢です。それって沖縄には

村ごとの相互扶助による葬儀の手伝い（栃木県芳賀郡市貝町田野辺）

上＝組の女性による台所仕事，下＝組の男性による棺運び．

ありますよね、生前葬みたいなものです、あれです。ここで、私よりあの世にまだまだ遠い武井さんに話題をふってもいいですか、さっきのお祖母さんのお話とか。

武井　まず沖縄の事例の話ですが、模擬葬式というのがあります。たとえば、あるお祖母ちゃんが、九七歳、一〇〇歳と長生きをしたとします。それはとてもおめでたいことなのですけれども、家族の寿命を吸い取っているという考え方があるのですね（会場笑）。なので、九七歳の年祝いの前夜にお葬式のかたちをしまして、これで一族の寿命のバランスを保とうとする風習が以前はあったそうです。(11)

七　葬儀の商品化時代と多様な選択肢

武井　サービス関連でいいますと、先ほど述べた最近亡くなった祖母は生前から地元の葬祭業社の登録会員になっておりまして、積立てをしておりました。その祖母の夫である祖父も積立てをしておりまして、その時のお葬式では祖母の分と祖父の分の積立て金を支払いに使いました。さらにいずれ来る祖父のお葬式のために契約更新をすると、その分また割引がありました。そういった仕組みがあるのは、私たち遺族にとってもありがたいですし、葬祭業社側も、お祖母さんが亡くなった際にその旦那さんから会員契約をとっておけば、次の顧客を確保することができるわけです。会員料金で具体的にいくら安くなったかの明細書ももらいました。このように購入する側も料金を考える時代が来ているようです。

あともう一つ、岩手県で聞いた話なのですけれども、初七日法要とか四十九日法要とかのかたちで、お葬式を手伝ってくれた近所の人たちを近くの葬祭ホールに招いて食事をする機会があるそうなのですが、その近所一帯はすべての家がそのホールを使いますので、料理のコースがもうわかっているのですね。これがついたから何円のコースとか（会場笑）、近隣の人は皆わかっていますので、最低料金のコースは頼みにくくなって、ある程度のコースを頼むようになっているらしいです。このように葬祭業社、葬祭ホールを使うようになったこと自体が当たり前のこととして地域社会の利用者の側にも受け取められている。こうしたことも今後進んでいくのではないかと思います。

新谷　私は昨年、二〇一三年（平成二五）の二月に母親を亡くしたのですけれども、入院していた公立病院の看護師さんたちが、まさにエンバーミングではないのですけど、本当にきれいに洗ってくださいました。そして葬儀屋さんへ、火葬場へとお世話になりました。やはりその時も費用については適正価格というのが私の頭にはありました。それは広島県の田舎の例ですけれども、東京の場合でいいますと、私がこの二、三年間に見聞している例でいいますと、たとえば生涯独身を通した八十歳代半ばの女性で、彼女の甥とその妻だけでその叔母の遺言によってお寺の住職も呼ばずにただ火葬をして、彼女が生前に建てていたお墓の石塔に納骨をした例では、二八万円から三〇万円だったそうです。それに対して、その叔母を送った同じ甥とその妻の夫婦が、その夫の父親を送った例では、父親がクラシック音楽関係の人でしたから約四〇〇人ほどのお弟子さん他の関係者があり、交際関係も広く、比較的盛大な葬式でした。その場合にはやはり四〇〇万円以上もかかったそうです。香典返しなどの後始末もたいへんだったようです。簡素な葬式と盛大な葬式、父親と叔母という兄と妹であってもその葬式には大きなちがいがありました。しかし、その叔母と父親を相次いで送ったご夫妻からみれば、それぞれそれなりに役目を果たしたという満足感があったそうです。

まさに、葬儀は業界関係者から購入するサービスであり商品となっているのです。ということは、その商品に対する情報収集をしながら適正価格を知ることがだいじですね。そして、死の選び方、葬儀社とそのサービスの選び方、墓の作り方、それぞれまさに多様化しているのが現在です。それなりに人生観にもとづく選択と商品に対する目利きが必要な時代となっているということなのですね。

関沢　どうもありがとうございました。予定している時間も近づいてきましたけれども、小川先生、最後に一言お願いします。

小川　自分の死に方と葬式の仕方を少し考えているのですけれども、何故そんなことを考えるかといいますと、私の先生が一昨年亡くなりましたが、一切、教え子たちに連絡しなかったんです。どうしてそうしたのかということを後で聞いたんですけど、「死んでまで自己主張する必要性はないだろう」というのがその先生、葬式の民俗研究でよく知られた方の考え方なのですね。ですから死んでまで自己主張する必要はないから、もう墓もいらないということで、散骨になりましたけども、それを聞いて、そういう考え方もあるのかと思って、自分の葬式のやり方をどうするかということを、六〇歳を過ぎてから、少しずつ考えるようになりました。葬儀や墓を研究してきた新谷さん、どうかご教示いただきたいなと（会場笑）。

関沢　ではちょうど時間になりました。皆さん、どうもありがとうございました（拍手）。

註

（1）お盆の歴史と民俗については、新谷尚紀「盆」（新谷尚紀・波平恵美子・湯川洋司編『暮らしの中の民俗学2　一年』〈吉川弘文館、二〇〇三年〉）、小川直之『日本の歳時伝承』（アーツアンドクラフツ、二〇一三年）など参照のこと。

（2）荻原雲来『荻原雲来文集（遺稿集）』（荻原博士記念会、一九三八年）。

（3）岩本裕『仏教文学研究3　目連伝説と盂蘭盆』（法蔵館、一九六八年）。

（4）ケガレという概念の設定の過程としては、三つの段階があった。第一段階が、文化人類学のメアリー・ダグラス *Purity and Danger:An Analysis of the concepts Pollution and Taboo*,London:Routledge & Kegan Paul, 1966（邦訳『汚穢と禁忌』〈塚本利明訳、思潮社、一九七二年〉）によって、不浄（dirt：pollution）という概念が設定された段階である。M・ダグラスやE・リーチによれば、不浄という観念は物事の体系的な秩序づけや分類の副産物であり、中間領域にあるものや変則的なものは分類や秩序を乱すものであるために区別立てられたものを脅かすものとして不浄とみなされるのだというのである。第二段階は、文化人類学の波平恵美子（同「日本民間信仰とその構造」〈『民族学研究』三八巻三・四号、一九七四年〉、同『ケガレの構造』〈青土社、一九八四年〉）と日本民俗学の桜井徳太郎（桜井徳太郎「結衆の原点」〈『思想の冒険』筑摩書房、一九七四年〉、同『結衆の原点』〈弘文堂、一九八五年〉）による、ハレ・ケ・ケガレ論の提唱の段階である。これは一時注目を集めたが、その概念の独創性に疑問があり否定されていった。つまり、波平のハレ・ケ・ケガレ論は、柳田國男のハレとケ、E・デュルケイムの聖と俗、E・リーチやM・ダグラスの浄と不浄、という三者の折衷案であり、そのケガレはリーチやダグラスの不浄の翻訳であることが指摘された。桜井のハレ・ケ・ケガレ論は柳田國男のハレとケの概念に対して、その両者の間の媒介項としてケガレを設定したものであったが、ケが稲の霊力でありそれが枯れた状態がケ枯れ＝ケガレであるとするなど、柳田のハレとケの概念を流用しながらもそれとはまったく異なる意味を付与するなどの矛盾が指摘された。またそのハレ・ケ・ケガレの循環論についても、社会学のP・L・バーガーのカオス・コスモス・ノモス論（P・L・バーガー『聖なる天蓋―神聖世界の社会学』〈薗田稔訳、新曜社、一九七九年〉）の流用の可能性が指摘された。第三段階は、日本の歴史と民俗との情報資料の整理によって、ケガレとカミとを対概念として設定する新谷の説である。ケガレ＝死の力：power of death、カミ＝生命力：power of life と概念規定するものである。以上については、新谷『神々の原像』（吉川弘文館、二〇〇〇年）、同「ケガレの構造」（『日本の思想　第六巻　秩序と規範』〈岩波書店、二〇一三年〉）を参照のこと。

（5）新谷尚紀『神々の原像』（吉川弘文館、二〇〇〇年）、大本敬久『触穢の成立』（創風社出版、二〇一三年）参照。

（6）関根康正・新谷尚紀編『排除する社会 受容する社会―現代ケガレ論―』（吉川弘文館、二〇〇七年）。

（7）古代の天皇が、第一段階：雄略天皇（武力王）、第二段階：天武天皇と持統天皇（神聖超越王）、第三段階：清和天皇や一条天皇（祭祀王）、の展開をするという点については、新谷『伊勢神宮と出雲大社―「日本」と「天皇」の誕生―』（講談社、二〇〇九年）を参照のこと。

（8）トム・ギル「ニンビー現象における排除と受容のダイナミズム」（関根康正・新谷尚紀編『排除する社会 受容する社会―現代ケガレ論―』〈吉川弘文館、二〇〇七年〉参照）。

（9）高橋史弥「北海道帯広市行域における葬送習俗の変容―『資料集成』に見る全国的な傾向を踏まえて―」（『国

立歴史民俗博物館研究報告』第一九一集、二〇一五年）。

（10）鈴木岩弓「東日本大震災時の土葬選択にみる死者観念」（座小田豊・尾崎彰宏編『今を生きる―東日本大震災から明日へ！復興と再生の提言―1　人間として』〈東北大学出版会、二〇一二年〉）、同「東北地方の「骨葬」習俗」（鈴木岩弓・田中則和編『講座東北の歴史　第六巻　生と死』〈清文堂、二〇一三年〉）。

（11）古家信平「年祝いにみる擬死と再生」（『日本の民俗12　南島の暮らし』〈吉川弘文館、二〇〇九年〉）。

あとがき

本書は、二〇一三年六月二一日に開催された第九回歴博映像フォーラム「日本各地の盆行事と葬送墓制の最近の変化」（会場：新宿明治安田生命ホール）における報告と討論を中心に構成したものである。

当日の進行は次の通りであった。

開会挨拶　久留島浩（国立歴史民俗博物館館長）

趣旨説明　「盆行事の民俗史／火葬化の現在史」　関沢まゆみ（国立歴史民俗博物館）

民俗研究映像〈第1部〉「盆行事とその地域差——盆棚に注目して——」

民俗研究映像〈第2部〉「土葬から火葬へ——両墓制の終焉——」

報告1　「葬儀は誰がするのか、してきたのか？——血縁・地縁・無縁の三波展開——」

新谷尚紀（國學院大學）

報告2　「祖霊とみたまの歴史と民俗」　大本敬久（愛媛県歴史文化博物館）

報告3　「葬法と衛生観念——山形県内の事例を参考にみる移り変り——」

報告4　小田島建己（東北大学大学院）「沖縄の祖先祭祀と自動車社会化」　武井基晃（筑波大学）

コメント　小川直之（國學院大學）

討論

総合司会　内田順子（国立歴史民俗博物館）

国立歴史民俗博物館では、一九八八年以来、一年に一本ずつ民俗研究映像の製作を行なってきており、二〇〇五年度からは映像フォーラムでその研究映像の公開をはかっている。「盆行事とその地域差」（二〇一三年度）は、私にとって「大柳生民俗誌」（一九九八年度）、「出雲の神々と祭り」（二〇〇三年度）を経て、三回目の民俗研究映像の製作であった。「大柳生民俗誌」では、奈良市大柳生に伝承されている宮座の長老と両墓制とを対象とし、民俗学がながく研究テーマとしてきた宮座と両墓制が、実はとくに近畿地方に伝承されている強い死穢忌避観念をその共通の背景としている民俗であることを映像によって明らかにした。そして、その頃から、盆行事の地域差について興味を抱くようになった。

大柳生およびその周辺の村落では、八月一三日の夕方になっても埋葬墓地への墓参りは行なわれていなかった。私の生まれ育った北関東の農村では、一三日のお昼頃には、どの家でも家族みんなで墓地に行き、提灯に明かりを灯して先祖の霊を迎え、家々の座敷に設えた棚に連れて帰ってくるものだった。そのため、奈良市近郊の山中の村落で誰も参る人のいないさみしくひっそりとしている墓地にはたいへん驚いた。家々でお盆の準備をしている人たちに、お墓にご先祖をお迎えに行かないのかと尋ねると、「今頃、きっと箱根の山を越えている頃で、日が落ちた頃には、門で迎え火をたけば一人で帰ってくるだろう」というような返事をもらい、「一人で帰ってくるとは、まさか」と、また驚いた。

柳田國男の『先祖の話』には、墓は元来が先祖の祭場であったと書かれている。私はこれを柳田が残した課題と受け止め、東北地方の事例や九州地方の事例を調べてみた。そうして、広く日本列島各地に調査地を広げて撮影地を選んだ。柳田が提唱した比較研究法の活用を試みることにしたのである。その有効性は本書の中でも指摘している通りである。たとえば、㈠東北と九州に墓地での飲食の習俗が伝えられており、まさに「遠方の一致」を示している。㈡墓地を穢れの場所と認識している近畿地方では墓参の習俗がみられない地域もあるが、六国史などを参照すれば、古代にはその近畿地方でも墓地を重視する習俗が存在したことがわかる。㈢近畿地方ではその後、九、一〇世紀を中心として平安京の摂関貴族の社会で形成された触穢思想の影響が強く残り、墓地を死穢の場所として忌避する習俗が伝承されてきた。㈣東北地方や九州地方ではそのような変化の経験は少なく、古態が変遷の中にも比較的よく伝承されてきた。つまり、盆行事における「遠方の一致」が、民俗の歴史的変遷を示している例として確認できたのである。

本映像フォーラムでは、五名の研究者の参加を得て、民俗学の比較研究法の活用について、また現代社会における葬送墓制の変化について議論をする場を作ってみた。戦後の民俗学においては等閑視されてきた比較研究法であるが、本書の刊行をきっかけに、さらにその活用と有効性についての議論が、次世代の民俗学を担う若い研究者や学生の皆さんの中に、具体的な作業試論を提示しあいながら一つ一つ深まっていくことを希望し期待している。私自身も、もう少し比較研究法の活用例を蓄積してみたいと考えている。その地道な作業の積み重ねこそが、柳田が構想した広義の歴史学としての民俗学の存在意義を見出せると考えるからである。

さて、民俗研究映像の製作では、撮影地でお世話になった皆様方、毎日映画社の橋本淳プロデューサー、船木豊ディレクターをはじめ大勢の方々にご協力をいただいたことをあらためて明記してお礼を申し上げておきたいと思います。また、本館で継続事業となっているこの民俗研究映像の活用や映像フォーラムの実現については、内田順子准教授のご助力によっているところが大である。そして、何より実際の本書の編集、刊行については、吉川弘文館編集部の石津輝真氏、並木隆氏、本郷書房の重田秀樹氏に大変お世話になりました。ありがとうございました。

二〇一五年五月三日

関沢まゆみ

国立歴史民俗博物館民俗研究映像一覧

制作年度	題名
昭和63年	芋くらべ祭の村—近江中山民俗誌—
昭和64年	鹿島様の村—秋田県湯沢市岩崎民俗誌—
平成2年	椎葉民俗音楽誌・一九九〇
平成3年	都市に生きる人々—金沢七連区民俗誌(I)—
	技術を語る—金沢七連区民俗誌(II)—
平成4年	黒島民俗誌—島譜のなかの神々—
	黒島民俗誌—牛と海の賦—
平成5年	景観の民俗誌—東のムラ・西のムラ—
平成6年	観光と民俗文化—遠野民俗誌九四／九五—
	民俗文化の自己表現—遠野民俗誌九四／九五—
	遠野の語りべたち
平成7年	沖縄・糸満の門中行事—神年頭と門開き—
平成8年	芸北神楽民俗誌　第1部　伝承
	芸北神楽民俗誌　第2部　創造
	芸北神楽民俗誌　第3部　花
平成9年	風の盆ふぃーりんぐ—越中八尾マチ場民俗誌—
平成10年	大柳生民俗誌　第1部　宮座と長老
	大柳生民俗誌　第2部　両墓制と盆行事
	大柳生民俗誌　第3部　村境の勧請縄
平成11年	沖縄の焼物—伝統の現在—
平成12年	風流のまつり・長崎くんち
平成13年	金物の町・三条民俗誌
平成14年	物部の民俗といざなぎ流御祈禱
平成15年	出雲の神々と祭り　第1部　美保神社
	出雲の神々と祭り　第2部　佐太神社
平成15年	出雲の神々と祭り　第3部　荒神祭り
平成16年	現代の葬送儀礼
	地域社会の変容と葬祭業—長野県飯田下伊那地方—
	村落における公共施設での葬儀—下條村宮嶋家—
	都市近郊における斎場での葬儀—飯田市佐々木家—
	葬儀用品問屋と情報
平成17年	AINU Past and Present
	マンローのフィルムから見えてくるもの
平成18年	伝統鴨猟と人々の関わり—加賀市片野鴨池の坂網猟—
平成19年	興福寺　春日大社—神仏習合の祭儀と支える人々—
	薬師寺　花会式—行法と支える人々—
平成20年	筆記の近代誌—万年筆をめぐる人びと—〔本篇〕
	筆記の近代誌—万年筆をめぐる人びと—〔列伝篇〕
平成21年	平成の酒造り〔製造編〕
	平成の酒造り〔継承・革新編〕
平成22年	アイヌ文化の伝承—平取二〇一〇
	アイヌ文化の伝承—白老二〇一〇
平成23年	比婆荒神神楽—地域と信仰—
平成24年	石を切る—花崗岩採掘の伝統と革新—〔本編〕
	花崗岩採掘技術の現在〔技術編〕
	石屋の語る仕事と暮らし〔インタビュー編〕
平成25年	盆行事とその地域差—盆棚に注目して—
	土葬から火葬へ—両墓制の終焉—
	甑島の盆行事

執筆者紹介（現職　主要著書・論文）―論文掲載順

関沢まゆみ（せきざわ・まゆみ）
国立歴史民俗博物館教授・総合研究大学院大学教授
『宮座と老人の民俗』（吉川弘文館、二〇〇〇年）、『宮座と墓制の歴史民俗』（吉川弘文館、二〇〇五年）、『民俗小事典　死と葬送』（共編著、吉川弘文館、二〇〇五年）、「「戦後民俗学の認識論批判」と比較研究法の可能性―盆行事の地域差とその意味の解読への試み―」（『国立歴史民俗博物館研究報告』第一七八集、二〇一三年）

新谷尚紀（しんたに・たかのり）
國學院大學大学院・文学部教授
『両墓制と他界観』（吉川弘文館、一九九一年）、『柳田民俗学の継承と発展』（吉川弘文館、二〇〇五年）、『伊勢神宮と出雲大社―「日本」と「天皇」の誕生―』（講談社、二〇〇九年）、『民俗学とは何か―柳田・折口・渋沢に学び直す―』（吉川弘文館、二〇一一年）、『葬式は誰がするのか』（吉川弘文館、二〇一五年）

大本敬久（おおもと・たかひさ）
愛媛県歴史文化博物館専門学芸員
『民俗の知恵―愛媛八幡浜民俗誌―』（創風社出版、二〇〇五年）、『触穢の成立―日本古代における「穢」観念の変遷―』（創風社出版、二〇一三年）、「死者の正月―

巳正月の現代的変容と墓の設え―」（『民具マンスリー』第四四巻第七号、二〇一一年）、『特別展図録　弘法大師空海展』（編著、愛媛県歴史文化博物館、二〇一四年）

小田島建己（おだじま・たけみ）

東北大学大学院文学研究科専門研究員

「被災した岩沼の墓地―津波の爪痕を癒そうとする人々の自助努力―」（『東北宗教学』第七号、東北大学宗教学研究室、二〇一一年）、「山形県の「両墓制」」（伊藤清郎編『最上氏と出羽の歴史』高志書院、二〇一四年）、「〈死者の結婚〉を描いた絵馬」（入間田宣夫・菊地和博編『講座　東北の歴史　第五巻　信仰と芸能』清文堂、二〇一四年）

武井基晃（たけい・もとあき）

筑波大学人文社会系准教授

「系図と子孫―琉球王府士族の家譜の今日における意義―」（『日本民俗学』第二七五号〈小特集　民俗研究は文字文化をどう扱うか〉、二〇一三年）、「軍用地返還後の土地利用と暮らし―西原飛行場一帯の原状と現状―」（『沖縄民俗研究』第三一号、二〇一三年）、「系図をつなぐ―屋取集落の士族系門中による系図作成の実例―」（『沖縄文化研究』第三八号、二〇一二年）

小川直之（おがわ・なおゆき）

國學院大學大学院・文学部教授

『日本の歳時伝承』（アーツアンドクラフツ、二〇一三年）、「神樹見聞録・フィールドワークから見えてくること」（『暮らしの伝承知を探る』玉川大学出版部、二〇一三年）、「折口信夫の民俗採訪」（『現代思想』五月臨時増刊号〈第四二巻第七号〉、青土社、二〇一四年）

〈歴博フォーラム〉
盆行事と葬送墓制

二〇一五年(平成二十七)七月二十日　第一刷発行

編　者　関沢まゆみ
国立歴史民俗博物館

発行者　吉川道郎

発行所　株式会社　吉川弘文館
郵便番号一一三―〇〇三三
東京都文京区本郷七丁目二番八号
電話〇三―三八一三―九一五一〈代〉
振替口座〇〇一〇〇―五―二四四番
http://www.yoshikawa-k.co.jp/

印刷＝亜細亜印刷株式会社
製本＝株式会社 ブックアート
装幀＝岸　顯樹郎

ISBN978-4-642-08278-5